Karl Rudolph

Das Verhältnis der beiden Fassungen, in welchen die Chanson Garin de Monglane überliefert ist

Karl Rudolph

Das Verhältnis der beiden Fassungen, in welchen die Chanson Garin de Monglane überliefert ist

ISBN/EAN: 9783743484382

Hergestellt in Europa, USA, Kanada, Australien, Japan

Cover: Foto ©ninafisch / pixelio.de

Manufactured and distributed by brebook publishing software (www.brebook.com)

Karl Rudolph

Das Verhältnis der beiden Fassungen, in welchen die Chanson Garin de Monglane überliefert ist

Das verhältnis der beiden Fassungen,

in welchen

die Chanson Garin de Monglane überliefert ist,

nebst einer

Untersuchung der Enfances Garin de Monglane.

Inaugural-Dissertation

zur

Erlanguug der Doctorwürde

bei der

hohen philosophischen Facultät der Universität Marburg

eingereicht von

Karl Rudolph

aus Schmalkalden.

Marburg.
Buchdruckerei Oscar Ehrhardt.
1890.

Dem

Andenken meiner lieben Mutter.

„*C'est de le vielle ystoire que dieux tant [par] ama.*"
(Ms. Bibl. Nat. f. fr. 1460, 1 r 4.)

Einleitung.

Über Garin de Monglane, das haupt der geste von Guillaume d'Orange, wissen zahlreiche altfranzösische epen zu berichten. Die folgende untersuchung soll sich nur mit denjenigen unter ihnen beschäftigen, deren inhalt ausschliesslich die schilderung der lebensereignisse Garins de Monglane ausmacht. Von der betrachtung ausgeschlossen sind, ausser verwandten epen wie Doon de Mayence, Gaufrey u. s. w., die von Gautier Les Epopées Françaises, 2e éd., t. IV, p. 106, angeführten prosadichtungen und die — fälschlich so bezeichneten — „Guerin"drucke. Über die Chanson Garin de Monglane kann man sich näher unterrichten, zunächst in der Histoire Littéraire de la France, t. XXII, p. 438—448, ferner bei Gautier, a. a. o., p. 106—171. Gautier stellt dort unsre chanson an die spitze des epencyclus der geste von Guillaume d'Orange und giebt p. 106 — 125 eine analyse der Enfances Garin de Monglane, welche nur im ms. Bibl. Nat. f. fr. 1460 vorliegen, sodann p. 126—171 den hauptinhalt der eigentlichen chanson, und zwar im texte den der umfangreicheren, durch 4 handschriften repräsentierten fassung und p. 131 ff. in den anmerkungen den der kürzeren fassung, welche, als fortsetzung der Enfances, allein im ms. Bibl. Nat. f. fr. 1460, fo. 94—259, überliefert ist.

Prof. Stengel machte, bei gelegenheit der veröffentlichung des Trierer bruchstücks,[1]) auf die höchst interessanten entlehnungen unsres romans aus dem abenteuerromane Durmart le Gallois zuerst aufmerksam. Im einzelnen hat diese beziehungen unsrer chanson zum Durmart untersucht und dargelegt: A. Stoeriko, Über das verhältnis der beiden romane Durmart und Garin de Monglane. Marburg 1888. (Ausgaben und Abhandlungen aus dem gebiete der romanischen philologie,

---

[1]) 1882 in Groebers Zeitschrift für romanische philologie, bd. VI, s. 404 ff.

veröffentlicht von E. Stengel, LXXVII.[1]) Stoeriko kommt (a. a. o., s. 49, z. 2) zu dem resultate, dass der verfasser des Garin de Monglane „bezüglich der technik und tendenz seines ganzen gedichts dem Durm. le Gal. nachgearbeitet habe". Nicht berücksichtigt hat Stoeriko bei seiner untersuchung die im ms. Bibl. Nat. f. fr. 1460, fo. 94v — 259v vorliegende jüngere redaction der Chanson Garin de Monglane. Gautier, a. a. o., p. 131, l. 8 v. u. nennt diese „un très-curieux rifacimento de notre poème du treizième siècle". Auf die frage: „In welchem verhältnis stehen diese beiden fassungen zu einander?", geht Gautier nicht näher ein; er begnügt sich mit den bemerkungen: „Ces différences sont-elles du fait du remanieur? se trouvaient-elles dans un manuscrit du treizième siècle qui n'est point parvenu jusqu' à nous? Le problème est difficile à résoudre."

Die folgende untersuchung hat den zweck, auf diese von Gautier und Stoeriko unerörtert gelassenen Fragen näher einzugehen. Sie will die im ms. Bibl. Nat. f. fr. 1460 vorliegende kürzere fassung des Garin de Monglane in den bereich der betrachtung ziehen und deren verhältnis, einerseits zu der von Stoeriko benutzten längeren redaction, andererseits zum Durmart untersuchen. Eine kurze betrachtung werden wir sodann den im ms. 1460 fo. 1—94v der eigentlichen chanson vorausgeschickten Enfances Garin de Monglane widmen (cf. Gautier, a. a. o. p. 106—125). Es scheint dies um so wichtiger zu sein, da die frage, in welche zeit man die abfassung dieser Enfances zu setzen hat, noch der entscheidung harrt. Gautier (a. a. o., p. 72) betrachtet die Enfances als den schlussstein in dem gewaltigen bau der geste von Guillaume d'Orange, als das der reihenfolge nach erste, der entstehungszeit nach letzte glied dieser grossen kette und setzt ihre abfassung in das 15. jahrhundert, während G. Paris, La Littérature Française au Moyen-Age, Paris 1888, p. 71 sich für das ende des 13. jahrhunderts entscheidet.

---

[1]) cf. die anzeige, Romania, bd. XVII und die kurze besprechung in Herrig's Archiv, bd. 83, s. 471.

Die vorliegende arbeit wurde unternommen auf anregung des herrn prof. Stengel, der mir freundlichst seine copieen überliess und gelegentlich eines kurzen aufenthaltes in Rom teilweise abschrift von der hs. R (40 a 1—58 d 29 und den schluss) nahm. Ihm fühle ich mich auch an dieser stelle zu dem innigsten danke verpflichtet.

I. Die Handschriften der Chanson Garin de Monglane.

Über die hss. im allgemeinen verweise ich auf die angaben bei Gautier a. a. o. p. 126, und Stoeriko, a. a. o. s. 1. Die Chanson Garin de Monglane ist in folgenden hss. enthalten:
I. a) L = Brit. Mus. Reg. 20, DXL, fo. 1—40 f. 39,
   b) P = Bibl. Nat. f. fr. 24403, fo. 1—118 d 7. Hinter fo. 48 befindet sich eine lücke von 8 blättern,
   c) R = Cod. Vat. Reg. Christ. 1517, fo. 1—130 a 29,
   d) T = Trierer fragment (cf. Groebers zs. VI, s. 402 ff.),
II. e) N = Bibl. Nat. f. fr. 1460, fo. 94v—259v.[1]

Der folgenden untersuchung liegen zu grunde: die hss. LNP vollständig in copie, von hs. R das von Keller, Romvart, s. 338—365, abgedruckte bruchstück und eine von herrn prof. Stengel gütigst überlassene teilweise copie — sie umfasst R fo. 40a—58d und den schluss, doch auch dies nur stückweise — schliesslich T (mit den varianten der andern hss.) in dem Stengel'schen abdruck, Groeber's zs. VI, s. 405 ff.

Zu hs. N, von der ich selbst in Paris copie nahm, ist folgendes zu bemerken: Es ist eine papierhandschrift in fo. aus dem 15. jahrhundert und enthält fo. 1—94v die Enfances, fo. 94v bis zum schluss (259v) die eigentliche Chanson Garin de Monglane. Jede seite ist einspaltig, die verszahl schwankt zwischen 12 und 38. Die anfangsbuchstaben der tiraden sind rot gemalt, durch die eines jeden verses zieht sich ein roter strich. Öfter (39v, 42r, 56v, 99v . . .) fehlt beides. Auf jeder 2. oder 3. seite findet sich eine farbige zeichnung zur erläuterung der jeweiligen situation. Die hs. ist zweimal nummeriert worden, und zwar ist das erste mal nur jedes 10. blatt

---

[1] Die Bezeichnungen a—d rühren von Stengel (Groebers zs. VI). e von mir her.

mit der ihm zukommenden ziffer versehen worden. Hinter blatt 110 folgt aber ein neues, das ebenfalls die nummer 110 trägt, und von da ab finden wir die (jedenfalls ursprünglichen) ziffern 120, 130, 140... ausgestrichen und durch 119, 129, 130... Wie aus dem folgenden hervorgeht, ist die hs. erst, nachdem sie gebunden war, nummeriert worden.

Ausser fo. 10, das fast vollständig ausgerissen ist, finden sich hinter blatt 116, 125 und 137, wie reim und inhalt leicht zeigen, lücken. Auch an fo. 199 muss man auf den ersten blick anstoss nehmen. Da der umfang der einzelnen lagen anzugeben ist, so lässt sich der fehlende betrag, wenigstens der blattzahl nach leicht ermitteln. Die einzelnen lagen zählen: I.: 8 doppelblätter = fo. 1—16 incl., II.: 8 doppelblätter = fo. 17—32 incl., III.: 9 doppelblätter = fo. 33—50 incl., IV.: 7 doppelblätter = fo. 51—64 incl., V.: 9 doppelblätter = fol. 65—82 incl., VI.: 6 doppelblätter = fo. 83—94 incl., VII.: 8 doppelblätter = fo. 95—110 incl., VIII.: $7^1/_2$ doppelblätter = fo. 110a[1])—124 incl., IX.: 7 doppelblätter = fo. 125—138 incl., X.: 8 doppelblätter = fo. 139—154 incl., XI.: 8 doppelblätter = fo. 155—170 incl., XII.: 7 doppelblätter = fo. 171—184 incl., XIII.: $7^1/_2$ doppelblätter = fo. 185—199 incl., XIV.: 7 doppelblätter = fo. 200—213 incl., XV.: 6 doppelblätter = fol. 214—225 incl., XVI.: 6 doppelblätter = fol. 226—237 incl., XVII.: 8 doppelblätter = fol. 238—253 incl., XVIII.: 3 doppelblätter = fol. 254—259 incl.

Zu lage VI bemerkt der copist (88r): „*Il n'y a que VI au VIe cayer*", so heisst es 191r zu lage XIII: „*au XIIIe n'y a que VII f.*" (!), fo. 206^r, 219^r, 231^r finden sich entsprechende, vom copisten herrührende notizen. Schwierigkeiten bieten also lage VIII, welche, ohne darauf hinzuweisen, nur $7^1/_2$ blätter zählt, und lage XIII, welche trotz der anmerkung $7^1/_2$ blätter umfasst. In lage VIII ist die erste hälfte des innersten doppelblattes hinter fo. 116 ausgerissen und verloren gegangen. Lage IX bietet hinter blatt 125 und entsprechend hinter blatt 137 eine lücke. Hinter blatt 137 ist das der lage XIII nicht zukommende blatt 199 einzuschalten, und zwar ist es umzudrehen, so dass wir zu lesen haben: 137^v, 199^v, 199^r, 138^r..., 198^v, 200^r... Das so eingeschaltete blatt füllt die lücke hinter fo. 137 vollständig aus, es fehlt mithin auch hinter fo. 125 nur 1 blatt.

---

[1]) Mit 110a bezeichne ich das hinter fo. 110 befindliche, ebenfalls die ziffer 110 tragende blatt; cf. oben.

Der text der hs. N ist in tiraden von 12-silblern mit abschliessendem 6-silbler überliefert; nur 2mal (106^r 6, 161^r 31) fehlt der letztere. Wir sehen also, dass alle bis jetzt bekannten texte der Chanson Garin de Monglane den 6-silbigen halbvers als abschlusszeile der tiraden durchführen. Schon diese beobachtung hätte Gautier bewegen müssen, das von Stengel entdeckte (cf. Böhmers Roman. Studien I, s. 406), von Suchier (ebenda s. 589) vollständig mitgeteilte Oxforder fragment nicht ohne weiteres unsrer chanson als neuen text zuzuweisen (cf. Gautier a. a. o., s. 127). Suchier nennt es: „Siège de Castres."

Den inhalt der einzelnen hss. findet man kurz bei Gautier, ausführlicher bei Stoeriko angegeben; indessen ist folgendes zu berichten:

1. In seiner allzu knappen analyse des textes N übergeht Gautier fo. 122 — 160 ganz und rechtfertigt dies mit den worten: „tout se ressemble absolument dans les deux poèmes" (cf. s. 132 z. 4 v. u.). Da dies indessen nicht der fall ist, da sich im gegenteil hier gewichtige abweichungen der beiden fassungen N und LPRT vorfinden, so sei — ausführlicher als Gautier überhaupt unsre hs. analysiert — der inhalt dieses stückes, fo. 122—160, gleich hier angegeben:

Garin trifft zum ersten male mit seiner zukünftigen gemahlin Mabillette zusammen, deren begleiter Ernault seine eifersucht nicht zu bezähmen vermag: um mitternacht erhebt er sich, entschlossen, sich seines nebenbuhlers zu entledigen, und nur mit mühe gelingt es Mabillette, ihn von seinem mordanschlag auf Garin abzubringen. Garin schläft die ganze nacht fest: 3 tage war er ja unterwegs gewesen, die schöne zu suchen (122^r 26). Früh morgens macht sich Mabillette, ohne Garin lebewohl zu sagen, mit Ernault auf den weg, trostlos darüber, dass Garin ihre überaus grosse schönheit nicht erkennen konnte, sonst hätte er ihr gewiss begleitung und schutz angeboten. Ernault bestürmt die dame mit liebeserklärungen, aber „sie hat gelernt schön zu reden" und beschwichtigt ihn leicht. Aus ihrer liebe zu Garin macht sie keinen hehl.

Garin schläft, bis die sonne bereits hoch steht (123^v 19). Entrüstet ist er über die abreise Mabillette's, bereits glaubt er von ihr gefoppt worden zu sein und am wenigsten zeigt er sich ihrem begleiter Ernault geneigt. Er reitet von dannen, um die schöne zu suchen; kaum noch denkt er an die eroberung der heidenstadt Monglane (124^r 31).

Mittlerweile werden Mabillette, Ernault und Gerardin, während sie arglos durch einen wald reiten, von 4 räubern überfallen. (Diese hatten dem schurken, welcher sich Garins pferd und seinen hund angeeignet hatte, seine beute wieder abgenommen.) Ernault ergreift sofort die flucht, Mabillette wird vom pferde gerissen, aus leibeskräften ruft sie um hülfe, um der schändung zu entgehen (125ᵛ 9). (Hier tritt die oben [s. 8] erwähnte lücke ein. Offenbar kommt Garin hinzu, befreit Mabillette, treibt 3 räuber in die flucht und nimmt den 4. gefangen. Dieser sagt:) 126ʳ 1: „Wir ergriffen einen burschen und nahmen ihm seine habe ab. Wenn Ihr mir das leben schenkt, so will ich Euch das pferd und den hund ausliefern." Garin kommt zur dame, er wundert sich, dass Ernault abwesend ist. „Er ist geflohen, aber Ihr werdet ihn bald einholen können", erwiedert Mabillette. Garin bittet sie, wenn sie nach Monglane kommen sollte, die schöne zu grüssen. Gleichzeitig verspricht er ihr beistand gegen Hugo von Auvergne.

Mabillette reitet mit Gerardin weiter. Sie treffen Ernault, der seinem erstaunen über die glückliche errettung der dame nicht genug ausdruck geben kann. Mabillette beklagt sich bitter über seine feigheit. Ernault verlangt von ihr ebenso geliebt zu werden wie Garin (127ʳ 19).

Garin ist in begleitung des räubers, der ihm pferd und hund zurückgeben will, an eine grube gekommen. Dort pflegten die räuber das den kaufleuten gestohlene aufzuspeichern. Durch ein *„huisset"* stösst der räuber Garin in die grube, schleudert steine auf ihn und entfernt sich in dem wahne, ihn getödtet zu haben. Garin nimmt in einem gebete von der welt abschied. Nachts indessen gelingt es ihm, erde loszuschlagen und so die tiefe der grube zu verringern. Der räuber erscheint am andern morgen wieder und fällt in die grube. Garin zieht sein schwert, der bedrohte bittet um gnade. Nachdem Garin noch erfahren hat, wo sich sein pferd und sein hund befindet, macht er dem räuber den garaus und zieht weiter (130ʳ 31).

Mabillette ist mittlerweile, von Ernault und Gerardin begleitet, *„a son hostel chux Berart de Valcomble"*, einem edelgesinnten manne, angekommen. Sie beklagt sich bitter über Ernault's feigheit, fest dagegen vertraut sie auf Garin. Der wirt hatte einen *„charton"* mit namen Robastre (131ʳ 11), 15 jahre bereits stand er in seinen diensten. Dieser riese Robastre sucht die betrübte Mabillette zu trösten und erbietet sich, für sie gegen Hugo zu kämpfen. Von Berart erfährt er deshalb eine zurechtweisung: *Tu n'es pas gentils homs et si fault que li campz Soit fait de gentil homme* (132ᵛ 5). Mabillette begiebt sich in den palast, wo eben der Auvergner den herzog Gauffroy um hülfe angeht. Vor brennender liebe kann Hugo nicht schlafen, seine augen sind roter als funkelnde kohlen. Ritter und bürger eilen herbei, um die vielgepriesene schönheit der dame zu schauen. Hätte Gauffroy ihre hand bereits Hugo zugesprochen, so würde er am liebsten Mabillette für sich selbst in anspruch nehmen. Die unglückliche fleht den herzog selbst um hülfe an gegen Hugo, dem sie das ja-wort nicht gegeben habe. In den grellsten farben schildert sie Hugo's hässliche gestalt, vergebens sucht ihr Gauffroy alle ihre bedenken auszureden. Sie wird aufgefordert einen kämpen zu stellen, umsonst fleht sie ihren begleiter Ernault um hülfe an, sie droht, ihn bei ihrem bruder Guion zu verklagen, doch (134ᵛ 2): *„Lors se party Ernaulx qui ne dist o ne non"*. In ihrer not erinnert sich Mabillette Garins, aber dieser ist ja traurig von ihr geschieden, in dem glauben, sie liebe ihn nicht. Sie bittet Gauffroy fussfällig um einen tag aufschub, da sie einen ritter erwarte. Der rohe herzog lässt sich nicht erweichen, dagegen stimmen seine ritter für gewährung der frist. Binnen 8 tagen soll Mabillette ihren ritter stellen. Sie kehrt darauf in trauriger stimmung zu Berart de Valcomble zurück (136ʳ 8).

Garin befindet sich auf dem wege nach Monglane, sein hund führt ihn die strasse, die auch seine angebetete gezogen ist. Unterwegs trifft er Ernault, an dem er sofort rache nimmt: nach kurzem kampfe streckt er ihn tod zu boden (199ʳ 1). In Monglane angekommen, erkundigt sich Garin nach dem edelfräulein. Sein wirt hat sie tags vorher gesehen; ein ritter habe sie in den palast begleitet, dann aber im stiche gelassen. Bei Berart de Valcomble halte sich die dame auf, bis die ihr gewährte frist abgelaufen sei. Sofort eilt Garin in Berart's haus; den riesen Robastre staunt er lange an. Sein hund läuft in das zimmer voraus, in dem Mabillette sich befindet (138ʳ 26). Durch das erscheinen des hundes erhält Mabillette sofort gewissheit, dass sich ihr kämpe eingefunden hat. Auch Garin wird durch das benehmen des hundes sofort über die situation aufgeklärt. Mabillette erkennt er nicht gleich wieder, denn, als er sie zum 1. male sah, war sie *„plus brune"*. Bereitwilligst erbietet sich jetzt Garin, mit dem schwerte für ihre ehre einzutreten (139ᵛ 25).

Mabillette stellt ihrem wirte Berart ihren kämpen vor. Um so herzlicher wird Garin von ihm willkommen geheissen, als sich herausstellt, dass Berart, aus dem geschlechte der Lothringer, ein vetter Savary's, des vaters von Garin, ist. Am nächsten morgen begiebt sich Mabillette von neuem in das schloss, auch Garin und Berart stellen sich ein. Garin tritt gegen Hugo von Auvergne für Mabillette ein. Der zweikampf wird auf den nächsten tag festgesetzt. Zur festgesetzten stunde wird Garin von Robastre, Berart und Mabillette in das schloss begleitet (143ʳ 11). Hugo fordert Garin auf, vom kampfe abzustehn und bietet ihm dafür Monferrant und seine schwester Frigonde an. Garin lehnt dieses anerbieten natürlich ab, der kampf beginnt sofort. Mabillette sieht, auf befehl Gauffroy's, dem zweikampfe zu; sie ist entschlossen, sich in den graben zu stürzen, wenn Garin unterliegen sollte. Der kampf bleibt lange unentschieden. Mabillette, der ohnmacht nahe, wird von der kastellanin, einer freundin Berart's de Valcomble, und von Gauffroy's schwester getröstet. Sie wendet sich an gott in einem inbrünstigen gebete. Der kampf dauert von *„prime jusqu' à nonne"* (146ʳ 10). Garin, dem der anblick der geliebten stets neue kraft verleiht, haut seinem gegner eine hand ab. Als Hugo schliesslich entseelt zu boden fällt, stürzen seine mannen auf Garin los, aber Berart war auf diesen überfall gerüstet: seine leute brechen aus dem hinterhalt hervor, und so kommt es zu einer regelrechten schlacht, in der sich besonders Robastre auszeichnet. Als der herzog Gauffroy das handgemenge sieht, stürzt er auf Mabillette los und teilt ihr mit, es sei seine feste absicht, sie auf der stelle zu ehelichen. Vergebens bittet ihn Mabillette, davon abzustehn: 148ᵛ 19: *„A sa loy l'espoussa Gauffroy sans attargier"*. Draussen wütet der kampf. Gar mancher der herzoglichen haucht unter den wuchtigen hieben Garin's, Robastre's und Berart's sein leben aus. Die Auvergner werden schliesslich in die flucht getrieben. Auch die „unsrigen" ziehen sich zurück in Berart's burg. Dieser und Garin begeben sich zum essen, während Robastre am thore posten steht (150ʳ 25).

Gauffroy lässt indessen zur hochzeit mit Mabillette *„tromper et corner"*. Die unglückliche hört nicht auf zu weinen, vergebens suchen Beatris, des herzogs schwester, und die kastellanin sie zu trösten. Auch in Berart's haus dringt die kunde von der hochzeit Gauffroy's mit Mabillette. Empört darüber machen sich Garin, Robastre und Berart mit 56 rittern, gerüstet, sofort auf den weg: sie wollen zur hochzeit *„vieller et harper"*. Die thorhüter des schlosses werden erschlagen oder vertrieben. Man dringt in den saal ein, wo sich Gauffroy und Mabillette befinden.

Robastre spaltet einem ritter, der neben dem herzog sitzt, den kopf. Gauffroy selbst flüchtet sich in einen nahen saal, 2 grafen bringen Mabillette in eine anstossende kammer. Gauffroy bittet seinen sohn (152r 23: Berart, später Foucart!) um hülfe. Die herzoglichen sammeln sich eiligst zum kampfe. Garin, Berart und Robastre hauen wacker drein; Robastre steigt, als er Berart und Garin bedrängt sieht, auf einen tisch und schwingt seine keule. Mit einem hiebe streckt er sieben feinde nieder, darunter einen bruder Rohart's de Cahours. Als Rohart den riesen auf sich selbst zueilen sieht, rettet er sich durch einen sprung durch das fenster, 153r 9: *„Diables luy aideront qui lui firent garant."* Rohart eilt durch die stadt, trifft unterwegs Foucart, welcher an der spitze einer grossen mannschaft seinem vater zu hülfe heranzieht, und rät ihm umzukehren, da alle erschlagen seien (153r 17). Garin ist unwillig, da er Mabillette nicht finden kann. Berart möchte vor der ankunft der neuen feinde die thore schliessen lassen. Robastre schlägt vor, sie im gegenteil an der offenen thüre zu empfangen, 153r 18: *„Par mon chief dist Garin Robastre est senés".*

Auf eine spöttische herausforderung Foucart's hin entbrennt der kampf auf's neue. Robastre streckt F. mit einem keulenhiebe nieder. Garin und Berart werden arg mitgenommen, letzterer möchte sich am liebsten in sein haus zurückziehen und dort verschanzen, aber der weg dahin ist versperrt. Robastre macht die bahn frei, die barone verlassen den palast und treten den rückzug in das haus Berart's an (155r 2).

In Monglane fordert Rohart den herzog auf, Mabillette, die alleinige urheberin ihrer schande, verbrennen zu lassen. Sie habe Garin und Berart zum überfall veranlasst. Gauffroy eilt in Mabillette's zimmer und misshandelt die laut klagende. Auf den vorschlag Gerart's hin wird Mabillette in sein schloss Beauffort als gefangene gebracht. Beatris und die kastellanin suchen die arme zu trösten.

Garin, Robastre und Berart befinden sich in des letzteren hause, Gauffroy beschliesst, sie dort zu belagern. Ein „clerc" Perdigon, ein spanischer zauberer, stand in seinen diensten (158r 1); diesen fragt er, wie er seiner feinde herr werden könne. Perdigon verspricht ihm, nachts die constellationen der sterne zu prüfen. Gauffroy und seine leute beginnen die belagerungsarbeiten. Die belagerten schleudern steine von den mauern, es gelingt ihnen, die aufgestellten leitern zu falle zu bringen. Robastre hätte gewünscht, dass man die thore öffnete, aber die feinde waren in der übermacht. Garin bittet Berart (hier verschrieben: Berin 159r 22) einen ausfall zu machen, Robastre werde das haus bewachen. Aber auch dieser will am ausfall teilnehmen; er weiss gewiss, dass sie an demselben abend noch Monglane einnehmen werden. Darauf reiten alle 3 zum thore hinaus (159v 14).

Garin erschlägt vor Gauffroy's augen einen seiner ritter, darauf seinen *„bouteillier".* Gauffroy selbst fordert er auf, seine geliebte ihm auszuliefern, auch Monglane ihm abzutreten, mit dem er von Karl belehnt worden sei. Garin's pferd, das ihm von Karl geschenkt worden war, wird getötet, wacker verteidigt er sich zu fusse weiter. Robastre kommt ihm zu hülfe, wirft Gauffroy vom pferde und schenkt dieses Garin. Gauffroy birst beinahe vor wut. Wenn er Robastre in seiner gewalt hätte, würde er ihn auf der stelle hängen lassen. Gauffroy erhält neue hilfstruppen. 3 pferde werden Garin an diesem tage weggenommen, 2 werden durch Robastre, 1 durch Berart zurückgewonnen. Endlich zieht man vor, der übermacht zu weichen und sich in Berart's haus zurückzuziehn. Gauffroy kehrt seinerseits nach Monglane zurück und fordert Perdigon auf, seine ganze zauberkunst in seinen dienst zu stellen. Perdigon citiert nachts den teufel etc.

(Hier setzt Gautier's analyse wieder ein, Epopées IV, s. 133, anm. z. 2.)

2. Unzutreffend ist auch die bemerkung Gautier's, Ep. IV, s. 132, anm. z. 3 v. u.: „C'est ici, d'ailleurs, que le „rifacimento" du quinziéme siécle (sc. unsre fassung N) va nous devenir d'une incontestable utilité en comblant une lacune très importante de notre manuscrit de Paris (Bibl. Nat. f. fr. 24403 [= P]). Perdigon, l'enchanteur, nous apparaît ici comme un allié du duc Gaufrey..." Gautier hatte bemerkt, dass die hs. P hinter fo. 48 eine 8 blätter betragende lücke enthält, er will sie durch die obige stelle in N ausfüllen. Die beiden andern hss. L und R, welche mit P die längere fassung enthalten, konnte Gautier nicht einsehen, er konnte also auch nicht ahnen, dass hier — und also auch in P — der zauberer Perdigon bedeutend später auftritt als in N, dass somit nicht der text von N in die lücke der hs. P eingesetzt werden kann. Aber auch ohne diese, durch die andern hss. gegebenen positiven beweise, müsste die Gautier'sche annahme von vornherein bedenklich erscheinen, die annahme nämlich, dass in der verhältnissmässig kleinen lücke von P der zauberer Perdigon auftreten sollte, dass fo. 49a bis fo. 63b seiner in keiner weise gedacht würde, und dass erst 63b eine neue einführung dieser für die ganze dichtung so wichtigen persönlichkeit stattfinden sollte.

Die hss. P und R gehen, wie schon Stengel (Zs. VI) nachgewiesen hat, enger zusammen. Besonders im eben besprochenen teile der längeren fassung unsres gedichts weichen beide von L bedeutend ab. So fehlt in L der in den beiden andern hss. weit ausgesponnene kampf, den R 44d 11—49a 17 bringt, der in P 46a 6 beginnt und in die lücke hineinreicht. Auf diese inhaltlichen abweichungen hat schon Stoeriko (a. a. o. s. 12) aufmerksam gemacht. Da nun die in P befindliche lücke, welche Stoeriko (a. a. o. s. 12, z. 4) stillschweigend übergangen hat, der verszahl nach genau durch R ausgefüllt wird, und da auch hier öfter die überlieferungen von R und L auseinandergehen, so glaubte ich den inhalt derselben kurz hier angeben zu müssen:

Garin, Robastre etc. werden von Gauffroy in Berart's hause belagert (cf. Stoeriko, a. a. o., s. 12, z. 1; Gautier, s. 149 z. 20). Garin unternimmt einen ausfall. Gauffroy versetzt der anblick des gegners in die grösste wut. In dem sofort entbrennenden kampfe wird der herzog schwer verwundet. Berart de Valcomble ruft ihm stolz zu: „Heute sollt Ihr mir entgelten, dass Ihr mir mein land weggenommen hattet." Der herzog wird von ihm zu boden geworfen, springt aber sofort wieder auf und setzt nun seinerseits Berart kräftig zu. Frische streitkräfte kommen Gauffroy zu hülfe. Robastre eilt ihnen entgegen, und noch hat er nicht lange seine keule geschwungen, so fliehen schon die meisten (R 48b 9). Ein *„lichieres"* verspottet sie. „Wo kommt Ihr her?" ruft er ihnen zu. „Ich glaube, man hat Euch ein wenig geschlagen." Vor dem schlosse sind Berart und Garin mit dem herzog im kampfe begriffen. Robastre reitet auf sie zu. Beide parteien treten schliesslich den rückzug an. Gauffroy will Mabillette sofort verbrennen lassen. Rohars de Cahors sucht ihn in seinem vorhaben noch zu bestärken, Mabillette sei die urheberin seiner und ihrer aller schande. (Hier übereinstimmung von R mit L: R 49b 21 = L 13c 48).

Der herzog eilt in die kammer, in der sich Mabillette befindet; die arme fällt in ohnmacht. Rohars macht den herzog darauf aufmerksam, dass Mabillette tags vorher zu Garin, Robastre und Berart geschickt und sie um hülfe gebeten habe; nachsicht sei nun unmöglich. Garin kommt mit Berart und Robastre. Gauffroy ergreift Mabillette bei den haaren und wirft sie zu boden. Garin eilt auf sie zu und küsst sie vor aller augen (dies fehlt wieder in L). Der herzog hätte die dame getötet, wenn nicht seine schwester Beatris eingetreten wäre und sich nicht zwischen beide geworfen hätte (R 49d 28). Mabillette fleht den herzog fussfällig um gnade an, erhält aber nur schläge (wieder wie L 16d 44). Rohars de Cahors verpfändet nochmals sein wort, dass Mabillette die schuldige sei. Der graf von Foy verwendet sich für die dame, L 16e 37. R 50d 28: *„Honniz soit il de deu qui ne li aidera."* Der herzog befiehlt seiner schwester, Mabillette zu Gerart auf schloss Biaufort zu bringen. Sie machen sich sofort auf den weg. Biatrix wird von Gerart willkommen geheissen, gegen Mabillette nimmt er sofort eine drohende haltung ein; sie wird von ihm in einen turm geführt. Wenn Garin von den qualen seiner geliebten wüsste, würde er vor schmerz sterben. (Hier gehen R und L wieder auseinander.) R 52a 5.

Garin befindet sich mit Robastre und Berart in des letzteren hause, von 20000 leuten Gauffroy's eingeschlossen. Garin schlägt vor, einen ausfall zu versuchen Der „verständige" Berart rät, nicht auf einmal alles auf's spiel zu setzen. Der ausfall unterbleibt vorerst. Man verteidigt sich die nacht hindurch (R 52d 1). Am morgen entspinnt sich eine heftige schlacht, die feinde sind bei weitem in der übermacht (R 54d 16, L 17c 24 gehen wieder zusammen, um sich bereits R 55a 10 = L 17c 42 wieder zu trennen). Garin gelangt mit seinen mannen durch einen wald an das schloss Mauregart. Der besitzer Bernart schliesst sich sofort Garin an.

Hier setzt P wieder ein (49a 1), die 3 hss. gehen zusammen.

II. Stoffliche Gegenüberstellung der beiden Fassungen der Chanson Garin de Monglane, LPRT und N.

Nachdem wir uns im vorhergehenden abschnitt über das vorliegende handschriftliche material unterrichtet haben, wenden wir uns im folgenden zu einem stofflichen vergleiche der beiden fassungen unsrer chanson. Wir werden die beiden haupttexte in kleinere abschnitte zerlegen und diese zur vergleichung einander gegenüberstellen. Grössere ausführlichkeit schien besonders dann am platze zu sein, wenn auch der text der hs. R zur verfügung stand.[1]) (Dass wir überhaupt berechtigt sind, von vornherein die hss. in 2 gruppen: 1. LPRT, 2. N, einzuteilen, lehrt ein blick in dieselben, wie auch die folgende untersuchung.[2])

1.] Die **einleitung** ist aus einem rein äusserlichen grunde in den beiden fassungen verschieden.

In LPR(T) verweist der dichter auf bereits bekannte personen der geste von Guillaume d'Orange, auf Bernart de Brubant, Ernaut de Beaulande, Girart de Viane, Renier de Gennes, Olivier, Rollant, Guillaume, Fouquiers und Viviant. Er selbst will von dem vater dieser geste, Garin de Monglane, singen.

Wie oben (s. 6) bereits bemerkt wurde, sind in N der eigentlichen Chanson Garin de Monglane (fo. 94^v—259^v) die Enfances Garin de Monglane (fo. 1—94^v) vorgeschoben und äusserlich damit zu einem ganzen verschmolzen worden. Der beliebte hinweis auf bereits besungene epische stoffe findet sich daher hier in der einleitung zu den Enfances. Indessen macht der dichter nur auf Aimeri [de Narbonne], seine 7 söhne, darunter Guillaume [d'Orange], und auf dessen 7 söhne aufmerksam. Besonders betont er, dass einige bereits auch von Garin de Monglane gesungen hätten, nur habe keiner Garin's mutter zu nennen gewusst: N 1^r 28: *Aucuns en ont chanté et s'en sont aasty Mais au commencement il y ont moult failly Nul ne scevent nommer celle dont il issy*[3]) ...

Auf diese weise rechtfertigt der dichter seine absicht, Garin's jugendgeschichte zum gegenstand seiner dichtung zu machen. N 94^v, bei dem übergang zur eigentlichen chanson, fehlt daher jeder hinweis.

---

[1]) Ich citiere die lesarten nach blatt, spalte und zeile der hss. Nur wo grössere stücke im drucke vorliegen, wie R v. 1—925 (in Keller's Romvart s. 338 ff.), und T in Groeber's zs. VI, s. 404, citiere ich nach den ausgaben.

[2]) Nyrop, Storia dell' Epopea Francese, s. 126, wirft in seiner knappen inhaltsabe beide fassungen durcheinander.

[3]) In der that kennt die fassung LPR(T) nicht den namen von Garin's mutter.

2.] Garins vater heisst in LPR: *Aymer* (L 1c 3: *Aymer*, R 339, 11: *Aymers*, P 1b 14: *Aimeris*). Indessen wird er nur einmal genannt. In N ist es *Savary*. In beiden fassungen ist er herzog von Aquitanien. Während er in den Enfances Garin eine grosse rolle spielt, wird er auch in N in der eigentlichen chanson nur selten noch erwähnt, so dass hier beide fassungen bis auf die gestalt des namens übereinstimmen.

3.] In LPR ist *Garin*[1]) der älteste der 3 brüder, *Gerin* ist der 2., der jüngste heisst *Antiaume*. L 1e 41, P 2b 19, R 339, 11, indessen sagt Garin zu seinem bruder Gerin: *Mon frere estes ains néz* (PR: *M. f. li a.*).

In N (1v 23) sind Gerin und Authiaume[2]) zwillinge. Garin, der held des gedichts, ist der jüngste der 3 brüder.

4.] Nachdem beide fassungen in gleicher weise über den tod des alten herzogs berichtet haben, gehen die hss. LP im gegensatz zu NR in der folgenden weise näher zusammen:

LP berichten gemeinsam, dass nach dem tode des herzogs das ganze erbe an Garin fällt. Seine barone (P: freunde) leisten ihm den lehnseid. Der verfasser bemerkt: L 1c 52 = P 1c 9: *Mes il ne tendra guerres ses grandes heritéz Si con vos m'orrez dire se ie sui escoutéz Aincois la nuit serie.* (Dieser hinweis wiederholt sich sofort in der folgenden tirade.) Man zecht und schmaust bis zum abend. Nachts hat Garin einen traum. Ein engel tritt in sein schlafgemach. „Morgen in der frühe," so wendet er sich zu Garin, „lass Deine leute wieder in den saal kommen und übergieb in ihrer gegenwart das Dir zugefallene erbe Deinem bruder Garin. Wenn Du es nicht thust, wirst Du sofort sterben. Dann begebt Euch[3]) zum könig Karl, er wird Euch schlösser und städte anbieten, aber schlagt alles aus mit ausnahme der stadt

---

[1]) In PR lautet der name consequent *Garin*, L setzt bis 2c 1 *Guerin*, dann plötzlich ebenfalls *Garin*, doch schon L 2d 4, 31... findet sich die alte form *Guerin* (2e 3: *Querin*) wieder und bleibt bis zum schluss.

[2]) Gautier setzt in seiner analyse consequent die form *Antiaume*, P. Paris (Hist. litt. XXII, s. 439) sogar *Anseaume!* n und u sind in der hs. N im innern der worte kaum zu unterscheiden. Dreimal indessen (45r 7, 51r 30, 65v 31) d. h. in den fällen, wo dieser name eine tirade beginnt, finden wir die form *Avthiaume*, was auf *Authiaume* (resp. *Othiome*, cf. *Auberon*, *ossy* 8v 12, 148v 1... *auyl* 203r 21) hinweisen würde. Auch die form *Athiame* (65v 12...) weist darauf hin, da in unserm texte *au* und *a* wechseln, cf. *dyauble*, *heame* etc. Vielleicht liegt dtsch. *Althelm* zu grunde; cf. Foerstemann, Altd. namenbuch I, personennamen, sp. 49.

[3]) Auf eine *-as*-tirade folgt eine neue mit dem reime *-éz*.

Monglane, welche der bösewicht Gauffroy inne hat. Gott wird Euch bei der eroberung derselben beistehen." „Da es gott will," antwortet Garin, „so werde ich es ausführen." Der engel verlässt ihn. Am folgenden morgen lässt Garin seine mannen sich wieder versammeln.

NR berichten beide nichts von einer engelserscheinung. Nach N bespricht sich Garin mit seinen brüdern, in R beruft er seine mannen.

Es bietet dieses ungleiche verfahren der verschiedenen hss. gewiss material zur beurteilung ihres abhängigkeitsverhältnisses. Ohne eine classification auf diesen einen fall hin auch nur versuchen zu wollen, weise ich gleich hier auf einige eigentümlichkeiten dieser stelle hin:

a. LP kommen auf diese engelserscheinung nirgends mehr zu sprechen. Weder als Garin seine brüder von seinem vorhaben, ausziehen und sich ein land erobern zu wollen, in kenntnis setzt, noch als er später, nach dem entscheidenden schachspiele mit Karl d. gr., von diesem sich das schloss Monglane ausbittet, macht er auf seine göttliche mission aufmerksam. Andererseits erfährt Garin durch den engel nichts von den schrecklichen zuständen, die in Monglane herrschen, über die er sich Karl gegenüber so unterrichtet zeigt.

b. Auch die metrische ausführung dieser engelsscene in LP ist bemerkenswert. Gerade hier zeigen beide hss., besonders aber L, eine grosse anzahl assonanzen und assonanzreime, man vergleiche L 1d 5, 10, 11, 12, 20, 22, 23, 26, 41... (P 1d 1, 3, 9...).

c. Die hier durch gott an den helden ergangene aufforderung klingt an an die weisung, welche Durmart in der wundererscheinung des lichterbannes durch die stimme des kindes empfängt. In beiden fällen wird der held aufgefordert, den befehlen, welche an ihn ergehen sollten, ohne weigerung zu gehorchen; andernfalls müsse er sterben. Vgl. zu Durmart (ed. Stengel, Bibl. d. litt. Vereins zu Stuttgart, CXVI) v. 1539 ff.:

Faire t'estuet ne lassier pas Les commans que donques oras. Se tu ne fais, tu seras mors Et perdus en arme et en cors...
L 1d 36, P 1d 17: *Et se tu ce ne fez, de mort ensanglentée, Morras prochainement sans nule demorée...*

d. Auch N bringt an dieser stelle einen traum, nur in anderem zusammenhange: Flore ist untröstlich über den abzug ihres sohnes Garin; 95r 22 beruhigt Authiaume sie: er habe geträumt, Garin werde einst ein grosser mann werden.

Es wird hier augenscheinlich auf den traum, den in den Enfances (91ᵛ 3 ff.) Gerin (!) hatte, zurückgegriffen.

5.] In gleicher weise begründet in allen 4 hss. (LPR, N) Garin seinen abzug: er will kein land besitzen, das er sich nicht selbst erobert hat.

6.] Nach LPR gelangt Garin sofort nach Paris. Schon hier werden wir mit seiner nachkommenschaft bekannt gemacht (L 1f 7, P 2c 11, R 340,20).

N weicht an dieser stelle ganz wesentlich ab: Garin kommt auf seinem wege nach Paris an der heidenstadt Monglane vorbei. Sie wird von Gauffroy beherrscht. Ein bursche führt ihn in den hof des schlosses und erklärt ihm die farben der fahne, die von dem turme herabweht.[1]) Gauffroy kümmert sich nicht um den christengott, auch nicht um irgend einen weltlichen fürsten. Einem boten, den Pipin einst an ihn abschickte, um seine huldigung entgegenzunehmen, hieb er eine hand und einen fuss ab.[2]) Garin sagt *„entre ses dens“*: „Wenn ich herr von diesem schlosse werden könnte!" N 96ᵛ 26: *Seigneurs il disoit voir mais trop chier lui cousta Sy que porez entendre.*

Gauffroy ist abwesend, er unterstützt seine verwandten Hainfroy und Heudry (Hendry?, 98ᵛ 5: Hainfroy et Hastin, 106ᵛ 14: Gaifroy et Heudry!) gegen Karl, welcher aus Spanien zurückkehrte *„ou il seruy Galafre de Turquie“* (97ʳ 6). Garin nimmt das schloss und seine bewohner in augenschein. Als christ muss er 3 deniers tribut entrichten. Sobald als möglich will Garin diese summe wieder einlösen. Am andern morgen zieht er weiter durch Burgund nach Dijon, um seinen vetter Millon[3]) zu besuchen. Millon, der sohn Garniers, war

---

[1]) N 96ʳ 15: *Ceste campaigne d'or ne vous mentiray ja Signiffie richesse dont lui dux plenté a Et lui assure noblesse que tousjours maintera* (96ᵛ 1) *Et l'espée d'argent c'est (ce) qu'il ne tenra ja Ne de dieu ne d'autruy tout le païs qu' il a* ... Garin ist in den späteren zeichnungen an einem derartigen fähnchen kenntlich.

[2]) Fast dieselbe angabe findet sich auch in LPR, nur an anderer stelle. Garin berichtet darüber (als er Karl auf die zustände in Monglane aufmerksam macht) L 3d 18, P 7b 1, R 357, 1. Auf die kämpfe zwischen Pipin und Gauffroy weist Philippe Mouskès (ed. Le Baron de Reiffenberg, I, s. 94, v. 2293 ff.) hin.

[3]) Für die Burgunder und Lothringer zeigt der dichter von N ein ganz besonderes interesse. In den Enfances Garin de Monglane unterstützt Garnier, Millons vater, den herzog Savary von Aquitanien (den vater Garin's) gegen Thierry von Pavia, er wird mit ihm in die gefangenschaft geführt, später indessen wieder freigegeben, *„en payant maint florin“* (98ʳ 6). An der obigen stelle will Garin seinen vetter Millon *„qui tant [ot] le corpz gent“* (12ᵛ 3, 97ᵛ 25) in Dijon aufsuchen, und

mit einem seiner vettern „*ens ou pays Juppin*" ausgezogen.
schliesslich befreit er seine cousine, die schwester Millon's, aus den händen Gauffroys. (In LPR wird der herzog von Burgund nur einmal beiläufig erwähnt: L 3b 43, R 354, 17: *li dus de Bourgoigne*, P: 6b 30 *l. d. d. Borges!*).

Auch die Lothringer hat der dichter von N in die chanson Garin de Monglane einzuführen gewusst. Savary bittet, von Thierry belagert, seinen vetter Garin, den Lothringer, um hülfe: N 12ʳ 25: *Mais li noble Garin n'y (pouoit)* [pot] *adont venir Car il auoit adont grant terre a maintenir Pour le Besgue* (Gautier: *l'evesque!* gemeint ist natürlich Begnes de Belin, der bruder des Lothringers Garin.) *Bellin que on auoit fait morir En cachant le grant porc qu'on deust adont hayr Sy en deuoit la guerre ad ce temps aduenir Par les cuers orgueilleulx qui tout firent honnir Sy manda (a) son cousin qu'il n'y pouoit venir Pour le sien corps aidier trop auoit a souffrir Pour le mort de son frere.*

Auch Garin's späterer bundesgenosse Berart de Valcomble, der in LPRT dieselbe rolle spielt, wird in das geschlecht der Lothringer eingereiht, wenigstens zu ihnen in beziehung gebracht. N 140ʳ 25 sagt Berart: *Lyez suis or(es) quant vous* (sc. Garin) *voy en ma possession Car ly duc Savary qui tant ot de renom Fu mon cousin germain moult amay sa fachon Mais pour la maise guere qui fu au tempz Fromon Contre les Lo[he]rains qui dura grant fuison S'en affuy mon pere en ceste region Et sy m'y amena vng petit valleton...* In LPR wird der Lothringer überhaupt nicht erwähnung gethan. Doch klingen folgende stellen in LP(R) auffällig an die eben aus N citierte an: L 13a 24 P 33d 15: *Mais pour une mellée qu'il fist...* und L 15d 7, P 42c 21, R 41b 18: *Tuit estes* (sc. Garin) *mi* (sc. Berart) *parent et mi bon compaignon!*

Zu der von N hergestellten verwandtschaftlichen beziehung Garins de Monglane zu den Lothringern vergleiche man folgende stelle aus der fortsetzung Mᵃ des Girbert de Metz, Ms. M 314d 21 ff. bis zum schluss: *Grans fut la feste iamais tel ne uaréz Yons fut prous et cheualiers manbréz Bien tint sa terre anuiron et an léz Vers les prodommes fut paisible et souéz Vers les felons fiers com lyons crestéz Mais de son pere ne fut pas oubliéz Puis fut par lui li filz Hernaut matéz Grant fut la guerre iamais tel ne uairéz Garins ses freres l'aidait c'est ueritéz Moult s'antramerent li dui frere senéz (315a) Li rois prist fame de moult grant richetéz Garin mëismes fut après oisseréz Li rois d'Espaigne qui riches iert asséz Sa belle fille le donna de ses gréz Monglanne tint qui est riche citéz D'icele dame dont vos dire m'oéz Vint une fille plainne de grant biautéz Ber. l'ot puis de li fut espouséz Lonc tans la tint moult fu de li ame Signor baron antandez a mes diz Grant* [terme (?)] *après ot Garin .IIII. fiz Li ainsnez fut Hernauz ce m'est auis Et tint Biaulende et trestot le païs De cestu fut li frans quens Aymeris Et tant ot guerre contre les Arrabis Rayniers li prous ot non li secons fis Pere Ollivier et Aude ce m'est uis Fuit et tint Jennes por uoir le vos pleuis Milles de Puille ot non li tiers des fis Gerars fut quars ce fut li plus petis Cil tint Vianne prodons fut et gentis De ces gens fut li lignaiges anplis Qui durerat iusq'au ior dou iuis Mais ia par moi n'en iert mos auant dis Après H. le conte palazin Ge. uesqui ce truis en parchamin Tant qu'an Espaigne ala li filz Pepin En Ronceual o Rollant le meschin Fut li frans rois ocis d'un sarrazin...* Ich citiere den ganzen schluss wörtlich, weil das résumé, welches A. Rudolph, Über die Vengeance

In gefangenschaft geraten, wurden sie von Claradunne befreit. Mit Mainet, dem sohne Pipins, kehrten sie nach Frankreich zurück. Dieser brachte Gauffroy, dem verbündeten der beiden bastarde Hanffroy und Heudry, eine empfindliche niederlage [1]) bei. Gauffroy floh mit den Limousinern und Hugo von Auvergne, dem grafen von Limoges [2]) und bruder Mabillettes, welche später Garin heiratete (N 98ᵛ 2). In der gegend von Dijon treffen die fliehenden 10 ritter, welche einem edelfräulein, der schwester Millons von Dijon, das geleite geben. Karl hatte sie zu sich nach Paris entboten: er wollte sie einem edlen grafen vermählen. Gauffroy überfällt die arglos des wegs daher kommenden, die dame flieht eiligst in den wald, von Gauffroy und 4 seiner ritter verfolgt. Garin, der am morgen von Dijon aufgebrochen war, weil er seine verwandten nicht angetroffen hatte, vernimmt, zufällig des wegs daher kommend, die schmerzensrufe der dame. Er eilt herbei, 3 von Gauffroy's begleitern ergreifen die flucht, ihn selbst erkennt er an dem wappen im schilde. Sofort ruft er ihm zu: „Zeitlebens werde ich mit Euch um Monglane kämpfen (100ᵛ 14)." Nach kurzem kampfe ergreift Gauffroy die flucht. Garin kehrt zur dame zurück, welche nicht genug worte des dankes finden kann. Noch grösser wird die gemeinsame freude, als sich herausstellt, dass Garin seine eigne cousine gerettet hat. Bereitwilligst erbietet er sich, sie nach Paris zu begleiten. Die 6 knappen der dame sind unwillig darüber, Mabillette sucht sie zu beschwichtigen, 101ʳ 32: *Seigneurs, se dist la dame, ne vous desplaise mie, C'est mon ami prochain et s'est de ma lignie*... In Paris treffen sie „*Charle de saint Denis*" (101ᵛ 13) und

---

Fromondin, die allein in Hs. Mᵃ erhaltene Fortsetzung der Chanson Girbert de Mez, Marburg, 1884 Ausg. u. Abb. XXXI s. 30 giebt, unklar ist und die angaben in der Histoire Littéraire, t. XXII p. 634 falsch sind.

[1]) N 98ʳ 22: *Auec[ques] les deux freres qui furent de son lin Perdy vne bataille et vng estour farin Ou il fu desconfiz et perdy son carin La fu Milles d'Aigler li peres Rollandin L'euesque de Paris et Geffroy l'Anguemin Et Milles et Rengniers le pere Renaudin*...

[2]) N 98ᵛ 32: *Et Hugues l'Auuergnoix vng traitre mallazin Contes fu de Limoige ainsy con ja destin*... Diese angabe ist unrichtig, zum mindesten undeutlich: Hugo von Auvergne und der graf von Limoges — der letztere tritt später handelnd auf und heisst Guy, obl. Guyon: N 200ʳ 23, 208ʳ 14... — sind 2 verschiedene personen. Wahrscheinlich hat der dichter von N seine vorlage, ehe er an die arbeit ging, vollständig durchgelesen und hier, wo er vorgreifend die hauptpersonen — auch Mabillette und Gauffroy — erwähnt, war ihm der sachverhalt unklar. In der fassung LPR(T) wird der bruder Mabillette's überhaupt nicht mit namen genannt.

Millon von Dijon an.¹) Die dame berichtet ihrem bruder über das abenteuer, das sie unterwegs zu bestehen hatte. Millon umarmt Garin und verspricht, ihn Karl vorzustellen.

Der mangelhafte bericht der fassung LPR hat also in N eine beträchtliche erweiterung erfahren. Es ist nicht zu verkennen, dass so einer geeigneten motivierung des folgenden in bester weise gedient ist. Gleich hier sei darauf aufmerksam gemacht, dass in N im weiteren verlaufe Millon und seine schwester nicht mehr auftreten, dass sie selbst hier, während des längeren aufenthaltes Garins an Karls hofe, nicht einmal mehr genannt werden!

7.] Garins aufenthalt an Karls hofe.
Auch hierüber berichten beide fassungen verschieden.
a. Nach LPR wird Garin von Karl, nachdem er ihm ein jahr lang treue dienste geleistet hat, zum „*mestre gonfannonier, mestre senneschall*" und „*mestre despensier*" (nach PR auch zum „*conseillier*") ernannt. An einem schönen sommertage kommt er aus Berry zurück, wo er das land, das Rainfroys und Heudris von Frankreich losgerissen hatten, zurückeroberte. Infolge dessen wird Garin von dem könig allen andern vorgezogen. L 1f 42, P 2d 15, R 341, 20.

Nach N wird Garin sofort mit 100 andern zum ritter geschlagen. In dem lande Brie zieht er gegen 4 grafen aus dem geschlechte von Hainfroy und Heudry zu felde und bringt sie gefangen nach Paris. Vom könig und seinen baronen wird Garin sehr geliebt. 103r 13.

b. Es folgt in beiden fassungen die scene zwischen Garin und Karls gemahlin Galïenne.

Nach LPR ist die königin von unwiderstehlicher liebe zu Garin erfüllt, sie führt ihn in ihr zimmer (PR: lässt ihn zu sich rufen). L 2a 18, P 3a 15, R 342, 17. Sie gesteht ihm ihre liebe und macht ihm verlockende versprechungen. Garin schwört, nie werde er seinen herrn treulos hintergehen. Die königin ist ausser sich, Garin eilt von dannen. Galïenne zerreisst ihm den mantel und schreit laut auf, so dass der könig es hört. Karl eilt herbei und begegnet an der thüre dem fassungslosen Garin.

In N wird Galïenne ebenfalls sehr bald von liebe zu Garin ergriffen. Sie lässt ihn durch eine kammerdienerin zu

---

¹) Man vergleiche den hier höchst ungenauen bericht Gautier's (Ep. IV, s. 132): „Mais Garin paraît, délivre la pucelle, reconnaît sa cousine et la ramène au duc Mille. Charles était là..."

sich befehlen und schüttet ihm ihr herz aus. Garins vorzüge weiss sie geschickt hervorzuheben. Garin weist ihre liebeserklärung zurück. Die königin zerreisst vor kummer ihren mantel (105ʳ 11): *„Et s'assist sur son lit et se va desmentant."* Garin entfernt sich, an der thüre trifft er den könig.

Entgegen dem sonstigen verhalten ist hier N in den wechselreden zwischen Garin und Galiënne ausführlicher als LPR.

c. Vollständig gleich ausgeführt ist dem inhalte nach in beiden fassungen die scene zwischen Karl und seiner gemahlin. Galiënne gesteht, ohne ausflüchte zu machen, ihre verbrecherische liebe zu Garin ein und wälzt alle schuld von dem angebeteten ab. Gern will sie den verdienten tod erleiden. Karl beschliesst, seinen vermeintlichen nebenbuhler zu beseitigen.

d. LPR: Karl sucht Garin vergebens im palast. Dieser hat sich mit Gerin und mehr als 100 rittern, aus furcht vor Karls zorn, in seine wohnung begeben. Nach 3 tagen fordert ihn ein bote Karls auf, an den hof zu kommen. Garin ruft seine brüder und seine mannen herbei und beteuert ihnen seine unschuld. Die barone versprechen, ihn nötigenfalls gegen gewaltthätigkeiten von seiten Karls zu schützen. Sie brechen insgesammt bewaffnet nach dem palast auf. Karl fragt Garin: „Wo kommt Ihr her?" und auf Garins antwort: „Wir haben in unsrer wohnung schach gespielt," erwidert er: „Oft habe ich gehört, dass Ihr gern meine krone tragen möchtet, eine schachpartie möge darüber entscheiden."

Nach N verlangt Karl sofort nach Garin. „Er ist in der stadt," antwortet ihm ein ritter Josserans. Garin wird an den hof befohlen u. s. w. wie oben. Karl empfängt ihn sofort mit den worten (106ᵛ 4): *Garin orgueil vous fait durement sourmonter Je croy (que) vous voriez bien ma couronne porter Tant ay oy de vous dire et recorder Je veul aux eschiequiers encontre vous juer ...*

e. Gemeinsam ist wieder LPRN: Karl fordert Garin auf, mit ihm schach zu spielen: gewinne Garin, so sei Frankreich (PRN: und Galiënne) sein eigen, andernfalls habe er sein leben verwirkt. Garin bittet den kaiser inständigst, von dieser forderung abzustehen.

f. In LPR beruft sich Garin auf die verdienste, die er sich um den kaiser erworben habe. Jeden, der behaupten wollte, er habe arges gegen ihn im sinne gehabt, werde er auf der stelle tot niederstrecken. L 2e 1 (P 4d 1, R 348, 11): *Quant li rois l'entendi n'a talent que il rie (P: qu'il en* rie) *Moult fu grains et plains d'ire.*[1]) Der kaiser besteht auf seiner forderung; Garin wirft sich schliesslich selbst feigheit vor, da er sieht, dass eine grosse menge umstehender sein ablehnendes verhalten bemerkt. Er willigt in das spiel ein. Der kaiser schwört auf das evangelium und das crucifix, dass er sein versprechen halten werde; Garin schwört ebenfalls. Girars de Pierrelee und Gerins (R: Anthiaumes), Garins bruder, sagen „*entre les dens*", es werde wohl manche brünne zersplittern, ehe Garin dem rachedurst des kaisers zum opfer fallen werde.

In N erwiedert Garin, er könne des kaisers anerbieten nicht annehmen, da er entschlossen sei, kein land zu beherrschen, das er nicht mit eigener hand erobert habe, 106ᵛ 30: „*Ne vo moullier aussy car elle est vostre amye.* Wenn Ihr mich hasst, so richtet mich vor Eurer baronschaft. Habe ich den tod verdient oder mich in irgend einer weise vergangen, so will ich gern sterben oder Euren hof verlassen." Karl besteht auf seiner forderung, und auch die blosse weigerung werde Garin den kopf kosten. Garin hätte Karl sofort niederstossen mögen, Authiaume beruhigt ihn, Garin willigt in das spiel ein:

g. Das schachspiel. (Gemeinsam ist LPRN: Das schachbrett, aus gold und silber verfertigt, wird in den saal getragen.)

In LR (nicht NP) werden die schachfiguren genauer beschrieben.

LPR fahren fort: Die barone umstehen die spielenden. Der kaiser zieht zuerst, Garin bittet seine brüder, sich ruhig zu verhalten. Die königin erfährt von dem spiele; sie ist traurig, denn sie weiss, dass sie die veranlassung dazu gegeben hat; sie verflucht gott, der Garin mit dieser berückenden schönheit beschenkt habe. Im saale zieht Karl einen turm. L 3a 9 (P 5c 28, R 351, 25): *Li rois a tret un roc qui Garin couronca (P: Vn roc a. t. l. r.) C'un de ses chevaliers maintenant emporta (PR: Que le mellor des siens a cel cop (R traitem).* [2]). Garin bittet gott um beistand. Mit einem läufer nimmt er einen springer weg, Karl schlägt in seinem zorne das schachbrett entzwei und ergeht sich in drohungen gegen Garin. Darauf erhebt sich der herzog von der Normandie: „Herr, alle Eure barone halten Euren hass für thorheit, 100 von

---

[1]) Stoeriko, a. a. o., s. 4: „Als der kaiser dies hört, muss er lachen"!
[2]) Stoeriko, a. a. o., s. 4, z. 29: „Der kaiser macht einen zug, welcher einen von Garins leuten sehr erzürnt"!

Euren mannen werden Garin, wenn er in gefahr kommen sollte, nicht verlassen: L 3a 33, P 5d 23, R 352, 16: „*Tous sommes ses parens, estrès de sa lignïe!* Er bittet Karl, für jetzt wenigstens das spiel einzustellen. Karl beachtet seine vorwürfe nicht, sondern spielt weiter. Ein anderer baron verwendet sich für Garin. Nun ergreift Karl einen stock, und so entspinnt sich bald eine förmliche schlacht. Der herzog von Burgund (P: Borges) beschwichtigt die kämpfenden. Das spiel beginnt von neuem. [R ist hier genauer in der beschreibung desselben (354, 23—32), 354, 29: *Eschac, se dist Garins, au roc tot a outré Le roc en a[m]portei dont Karles fu iré.*] Es gestaltet sich für Karl immer ungünstiger. Garin hat mitleid mit dem könig und bittet ihn, vom spiele abzustehn. Karl ergiebt sich endlich, Garin soll seine forderungen stellen. Garin weint vor mitleid, er will nichts annehmen, das er nicht verdient habe. Schliesslich bittet er um die belehnung mit Monglane, das er sich erobern will.

Nach N ziehen beide die bauern, dann 2 springer u. s. w. Der könig giebt nicht acht, N 107ᵛ 30: „*Et puis lui* (sc. dem könig) *dist eschiecq pour son roy mayer* (!) *Et quant le roy le vit, en lui n'ot qu' esmayer.*" Der könig gerät in zorn, er bietet seinerseits schach. Garin deckt seinen könig: „*Vng chevallier perdy et fu par nicheté Mais li ystoire dist qu'il le fist tout de gré...*" Es gelingt Garin, Karls könig in die ecke zu drängen. Er hat mitleid mit seinem gegner und bittet ihn, das spiel einzustellen (N 108ʳ 29) „*Garin se dist le roy au jeu me rens matté Or demandez vng don a vostre vollenté...*" Garin will nichts annehmen, das er nicht um seiner grossen treue willen verdient habe. Schliesslich bittet er um belehnung mit Monglane: N 108ᵛ 12.

h. Garins bericht über Monglane.

Nach LPR: Die bewohner von Monglane halten nichts von gott, noch von Karl; unzucht ist bei ihnen zu hause. Sie glauben nicht an Mahom noch an Juppin und Tervagant, nur an ihren herzog Gauffroy. (P fügt hinzu: Als sie kinder waren, wurden sie getauft, jetzt sind sie alle Albigenser und glauben an nichts, 7a 19.) Gauffroy ist der grösste bösewicht, den es giebt. „Euer vater Pipin sandte einst einen boten an ihn ab: er solle ihm huldigen und an den christengott glauben. Gauffroy aber hieb dem boten eine hand ab (LP: und riss ihm ein auge aus), 3 zähne schlug er ihm aus und schnitt ihm einen fuss und die nase ab. So schickte er ihn an Pipin zurück. Vergebens belagerte ihn dieser ein ganzes jahr hindurch." Garin macht sich anheischig, Monglane zu erobern. Karl belehnt ihn, froh darüber, dass Garin seinen hof verlassen will, mit dem schlosse Monglane, bietet ihm 400 ritter zur begleitung an nnd schenkt ihm sein pferd Abriévé. Garin will indessen am andern morgen ganz allein zur eroberung ausziehn. Er beschreibt nochmals Monglane und schildert dessen besitzer, den herzog Gauffroy. Die umstehenden barone brechen ob Garins drohungen gegen den herzog in lachen aus (dies nur L 3e 30, cf. P 7d 9, R 358, 30).

N (108^v 13 ff.) beschreibt die zustände in Monglane wie LPR. (Die beschimpfung Pipins durch Gauffroy findet sich in N früher, cf. oben s. 18 anm. 2). Garin fügt hier hinzu: Es wohnen einige christen in der stadt, doch wagt sie sonst kein christ zu betreten, weil man tribut entrichten muss, N 108^v 26: „*L'autre jour l'esprouuay dont j'ay le cuer dollant.*" Im vertrauen auf gott will er zur eroberung von Monglane ausziehn und es dann von Karl zum lehen empfangen. 109^r 4: „*Et quant le roy l'oy si en va souppirant.*" Doch will er nicht wortbrüchig werden: er belehnt ihn mit Monglane und verspricht, wenn Garin geld oder mannschaft nötig haben sollte, ihn zu unterstützen. Garin huldigt dem kaiser: N 109^v 20.

8.] LPR: Garin nimmt abschied am hofe und begiebt sich zu seinen brüdern. Am andern morgen lässt er sich seine waffen bringen und reitet allein von dannen. Sein weg führt ihn über Orléans. Hinter Monlehery trifft er einen *jongleur* Rogier. Dieser begrüsst ihn und berichtet, er habe im dienste des „wackern grafen" (!) Gayfier gestanden. An verschiedenen orten habe dieser turniere abgehalten, er aber habe die fiedel gespielt. Einmal habe der betreffende wirt eine dame in den saal geführt. „Niemand hat jemals eine schönere gesehen. Als sie die fiedel hörte (L 4a 2, P 8d 4, R 361, 13): *Si fist un pas auant la plus tres belle née* (PR: *un saut a. com aronde enpenée, Lors veissiez danser la plus tres belle née*). Als ich sie sah, erinnerte ich mich Deiner und wünschte, dass gott sie Dir zur frau geben möchte." Garin erwiedert ihm, er habe jetzt anderes im sinne. Er reitet weiter, aber unterwegs bereits stellen sich liebesseufzer ein: *Qu' a la pucelle pensse* L 4a 23, P 8d 27, R 362, 1. Zur nacht kehrt er ein.

N (110^r 9): Garin nimmt abschied von seinen brüdern. Mit silber und gold reich beschenkt, zieht er ab durch Berry und Limousin. In einem walde trifft er einen *mennestruel* Rogier, „der wenig geld hat und eine fiedel trägt". N 110^r 23): „*Sauez vous belle dame en cestuy cassement,*" fragt ihn

Garin. „Ein schönes fräulein traf ich gestern, ein ritter begleitete sie." 110ᵛ 2: „*A ce que j'entendiz il alloyent plaidier Mais ne scay en quel court ne en quel hieretier.*"¹) „Eine schönere würde man kaum finden." Garin wird, sobald er die dame preisen hört, von liebe ergriffen. Ihren namen kann ihm Rogier leider nicht mitteilen. Garin gelobt, nicht zu rasten, bis er die dame getroffen hat. Für die angenehme mitteilung giebt er dem mennestruel „*vng bessant*". Er reitet von dannen. Alle, die ihm begegnen, fragt er nach der schönen, N 110a ᵛ3: *Ly vng le tient a nyche l'autre a mesqu[rë]ant Se le tiennent a yvre (ce) [icel] jour ly aucquant Ensement va amours les saiges assottant*... Die unbekannte liebt er jetzt bereits mehr als früher Flourette (cf. Enfances Garin de Monglane, N 40ᵛ). Sollte sie wirklich so schön sein, so würde er für sie Monglane erobern. Nachts kehrt er bei einem reichen wirte ein (N 111ʳ 15).

9.] L 4a 21, P 8d 25, R 361, 33: Garin und sein wirt speisen zu abend. Man geht zu bett, aber Garin kann nicht schlafen. Er denkt an die dame, von der Rogiers ihm erzählt hat. Die geliebte aufzusuchen gilt ihm vorerst als hauptsache, die eroberung von Monglane tritt in den hintergrund. Er bedauert, dass er, wenn er sie wirklich träfe, sie nicht erkennen würde. Am morgen sucht er mit seinem wirte die kirche auf. Sie essen gemeinsam (L 4b 44, R 364, 6; P fehlt): *Mes Garin menga pou aillors fu sa penssée.*" Er nimmt abschied und schlägt den weg nach Berry ein. Weinend und sein geschick beklagend reitet er von dannen. Mit mancher dame trifft er zusammen, aber die gesuchte ist nicht darunter: L 4c 33, P 9d 12, R 365 10: „*Tuit li plusour l'en tienent a fol et a bricon.*"²) Nach langem umherirren kommt er zu einem wirte, dem er seinen liebeskummer vorträgt.

N (111ʳ 16) verfährt hier kürzend. Es lässt Garin nur bei einem wirte einkehren, letzterer erkundigt sich sofort nach Garins reiseziel. „Monglane will ich erobern," antwortet dieser und fügt gleich hinzu: „Habt Ihr nicht die schönste dame von Frankreich bei Euch beherbergt? Ein mennestruel

---

¹) Später berichtet der mennestruel bestimmter und mehr übereinstimmend mit LPR: 110a ʳ7: „*A vng moult riche hostel d'un courtois cheuallier La endroit deuant lui juay de mon mestier.*"

²) Hier schliesst der Keller'sche abdruck des textes R. Es stehen mir von der längeren fassung nur noch L und P zur verfügung. Ich werde deshalb von jetzt ab eine weniger ausführliche gegenüberstellung der beiden fassungen geben.

erzählte mir von ihrer ausserordentlichen schönheit..." Der wirt hat den liebeskranken zum narren. Auf Garins frage giebt er der dame den namen: Fol y bée ¹) (N 112ʳ 17). Garin merkt sofort, dass er von dem wirte gefoppt wird.

10.] Gemeinsam ist beiden fassungen das in den abenteuerromanen beliebte motiv: der held erhält von seinem wirte einen hund, der die spur der geliebten kennt. In N muss Garin, ebenso wie in LP, einen kampf mit dem bruder des wirtes bestehen, welcher ihn beschuldigt, den hund gestohlen zu haben (N 113ʳ 14, L 5b 2, P 11d 24). In LP heisst dieser bruder consequent Rigaut, in N zuerst Rengnaut, dann einige male ebenfalls Rigaut (N 115ᵛ 23, 25), dann wieder Rengnaut.²) Garins kampf mit Rigaut ist in N bedeutend kürzer dargestellt als in LP, cf. zu Stoeriko, a. a. o., s. 6: N 114ᵛ ff. Wohl sind auch in N alle einzelheiten wie in LP enthalten, der gedankengang ist derselbe, aber N vereinfacht ganz wesentlich. Für den räuber in LP, der sich Garins pferd und hund aneignet, setzt es einfacher Rengnauts knappen. Auch in N kommen 4 räuber durch den wald, die dem diebe seine beute wieder abnehmen. In beiden fassungen besteht Garin einen kampf mit dem vetter des erschlagenen Rigaut (resp. Rengnaut), Baret.³) Besonders der racheplan dieses letzteren ist in LP weit ausgesponnen. Garin entdeckt in beiden fällen die spuren seines gestohlenen pferdes, hört das klagen des an einen baum gebundenen schurken, reitet auf ihn zu etc.⁴) Derselbe inhalt, den LP auf etwa 660 verse ausdehnen, wird in N in 119 verse zusammengedrängt.

11.] An derselben stelle wird in beiden fassungen die heldin der chanson, Mabillette, eingeführt (L 7d, P 19c 25,

---

¹) Später sagt Ernault, Mabillette's begleiter, ungehalten darüber, dass Garin sich sofort Mabillette's zuneigung erworben hat: N 120ᵛ 9: *Et dist a la pucelle tes noms cangiés sera D'oresmais en avant par dieu qui tout crea, Arés nom Fol(le) s'y fye*. Dieses selbe wortspiel findet sich auch in der Alexiuslegende, abgedruckt von G. Paris, Romania VIII, 169 ff. Cf. auch Tobler: Verblümter ausdruck und wortspiel in altfranz. rede, s. 16 unter „Fous i bee".

²) Während hier die annahme, dass N den namen Rigaut, den es in der vorlage fand, in Rengnaut änderte, aber nicht consequent änderte, die einzig mögliche ist, weiss ich nicht, was derselbe name Rigaut neben Rengnaut bereits 113ᵛ 19 zu bedeuten hat. Vielleicht ist hier Rengnauts diener (= L: Hernault, P: Urars) gemeint und an den Rigaut der Lothringer Geste gedacht?

³) Hier findet sich nähere übereinstimmung zwischen N und P!

⁴) N hat hinter bl. 116 eine lücke, cf. oben s. 8.

N 117r 1). Beide male werden wir sofort mit ihrer nachkommenschaft bekannt gemacht.

N ist hier insofern ausführlicher, als es uns zweimal über die notlage Mabillette's unterrichtet: 117r 11 · · 118r 7 und 120v 32 ff.

12.] Garin trifft mit der schönen zusammen, ohne zu wissen, dass sie die gesuchte ist: L 7d 28, P 19c 25; N 119r 11. Gemeinsam ist ferner die liebesscene¹) zwischen Garin und Mabillette, die eifersucht Ernauts, der anschlag, den er auf das leben seines nebenbuhlers macht (cf. zu L 8e 15, P 22c 27; N 122r 2: *Car droit a myennuit si com(me) l'istoire crye...).* Garin verspricht, Mabillette gegen ihren

---

¹) Es lässt sich nicht leugnen, dass Stoeriko in seiner absicht, das gemeinsame zwischen Durmart und Garin de Monglane herauszuheben, manchmal etwas zu weit gegangen ist (cf. auch unten abschn. III anm.). S. 20, z. 30 sagt er: „Beide (sc. Mabillette und Fenise) geben demselben (sc. dem helden: Garin resp. Durmart) in gleicher weise durch abnehmen ihres schleiers gelegenheit, ihre strahlende schönheit zu bewundern." Stoeriko polemisiert hier gegen Gautier (cf. auch Stoeriko a. a. o., § 17, anm. 2). Der zusammenhang ist folgender: Garin bittet die dame ihn zu vergewissern, ob sie die gesuchte schöne ist oder nicht. Mabillette weiss sehr wohl, dass sie es ist, L 7f 49, P 20c 25: „*Mais ne vout pas illuec connoistre verité".* Sie nimmt den schleier ab, um Garin ihr schwarzes, hässliches gesicht zu zeigen. Ironie liegt in den worten: „*Sire, fet ele lors, esgardez ma biauté Je ne sui onques autre ne yuer ne esté,"* denn sie fährt fort: „*Mais la ou ie m'en vois sa[i] bien la verité Aura une pucele qui est de mon aé Mout gente et mout bele et de grant parenté Onque ne vi si belle en jor de mon aé"...* Gautier irrt, wenn er behauptet, dass Mabillette, um nicht erkannt zu werden, erst jetzt sich das gesicht geschwärzt habe, aber auch Stoeriko interpretiert diese stelle falsch, wenn er die bemerkung Mabillette's: „*Esgardez ma biauté!"* nicht als ironisch auffasst. Dass Mabillette zunächst, ehe sie den geliebten gefunden hat, mit schwarzem antlitz im lande umherzieht, wird in beiden fassungen ausdrücklich betont. Sie selbst gesteht es in LP später Garin ein: L 13d 13, P 34c 23: *Des* (P: *Tres*) *le premerain* (P: *premier*) *ior que m'eustes trouée* (P: *visée*) *Que m'estoie de noir norchiee et mascurée* (P: *mascue et norcirée*). cf. auch bes. L 8e 16, P 22b 29. Auch in N finden wir eine reihe von hinweisen darauf: 118r 14: *Et pour ce qu'elle auoit perdu sa compaignie S'estoit pour descongnoistre au viaire norchie Affin qu'elle ne fust pour beauté conuoitie Mais sa douce figure estoit si bien taillie Qu'en tous estas estoit si tres bien adreschie...*

Während Mabillette sofort von inniger liebe zu Garin erfüllt wird, bedauert sie, dass sie in ihm keine gegenliebe erwecken kann: N 120r 10: *Or luy anoye au cuer qu'elle se mascura...* cf. auch N 125r 6, wo Mabillette sich in der gewalt der räuber befindet: „*Que plus pleure la belle plus va enbellissant Car les larmes lui vont son viaire levant.* N 139r 19 erkennt Garin die geliebte nicht sofort wieder: *Vous n'estes mie cele qu'ens ou bos deliuray. Car celle estoit plus brune...* Mabillette erklärt ihm das rätsel: *Car saichiés que d'une erbe mon visaige frottay...*

widersacher Hugo von Auvergne zu unterstützen. Am nächsten morgen reitet Mabillette, traurig gestimmt, von dannen.

13.] Ähnlich in den hauptzügen sind auch die folgenden scenen dargestellt: Am morgen ist Mabillette plötzlich aufgebrochen; Garin glaubt von ihr gefoppt worden zu sein, als sie ihm versprach, ihn zur gesuchten dame zu führen: L 8f 43, P 23b 13, N 123^v 31, 124^r 18. Garin reitet von dannen. Mabillette wird im walde von 4 räubern überfallen und misshandelt, Ernault flieht sofort (in N hinter bl. 125 eine lücke, cf. oben s. 8). Garin kommt hinzu, erchlägt 3 der räuber u. s. w. In Monglane wollen sich Garin und Mabilette wiedersehen. Mabillette zieht mit Gerardin weiter (L 9f 17, P 25c 28, N 126^v 21). Sie treffen unterwegs Ernault, der sich ihnen wieder anschliesst. Auch Garins abenteuer in der grube ist in beiden fassungen, bis auf kleinigkeiten, gleich[1]) dargestellt, nur reissen LP diese scene in zwei teile auseinander (cf. Stoeriko, a. a. o., §§ 17 und 20), während sie in N in einem zuge dargestellt wird, so dass nachher Mabillette sowohl wie Garin auf dem wege nach Monglane begriffen sind.

14.] Mabillette, Gerardin und Hernaut ziehen direct nach Monglane: L 10e 1, P 27d 5, N 130^v 7.

---

[1]) Es sei hier auf einige, sonst selten vorkommende wörtliche anklänge von LP und N aufmerksam gemacht. Auch sie sprechen, was des näheren unten nachzuweisen ist, für ein engeres zusammengehen von P(R) mit N:
    a. L 10a 49: *Le trayteur le cuide bien auoir assené*
       P 26b 20: *Bien le quide auoir mort et du tot afolé*
       N 128^r 2: *Et cuida bien li leres auoir mort le baron...*
    b. L 10b 40: *Dame dieu reclama et son saintisme non... Et qui gari Jonas el ventre du poisson Saint Daniel sauuas en la fosse au lyon Jetez moi hors de ci ou je sui en prison...*
       P 26d 2: *Diex qui por nos soffris et mort et passion... Et qui garis Jonas el uentre du poison Et sauuas Daniel en la fosse au lion Jete moi de cest lieu ou je sui en prison...*
       N 128^r 9: *Et dist beausire dieux qui souffry passion Or me veuilliez gieter de la male prison Tu giettas Daniel de la fosse au lyon Et sy sauuas Jonas du ventre de poison...*

Doch darf man wohl gerade auf letzterer stelle kein besonderes gewicht legen. In einem grösseren gebete stellen sich leicht und oft Daniel in der löwengrube und Jonas im Fische ein, cf. z. b. Amis und Amiles, ed. K. Hofmann, v. 1180: *Jonas sauuas el ventre dou poisson Et Daniel en la fosse au lyon*; cf. ferner Renaut de Montauban, ed. Michelant. Stuttgart 1862, s, 277, 5: *Dame Dex, sire pere, ki formastes le mont Et alastes par terre com autres povres hom, Et garistes Jonas el ventre del poisson... Et Daniel salvastes en la fosse au lion...* cf. Schliebitz, Die person der anrede in der franz. sprache. Breslau, diss. 1886, s. 16.

Nunmehr weicht N von LP bedeutend ab. N (130ᵛ 7) lässt Mabillette bei Berart de Valcomble absteigen, welcher in dem weiteren verlaufe eine so grosse rolle spielt. Mit ihm zugleich wird auch sein diener, der riese Robastre, schon hier eingeführt. Robastre's abkunft und sein wesen werden in N 131 ff. ähnlich geschildert wie L 15c 41, P 42b 29, R 40d 15. Höchst wichtig ist, dass hier, bei der ersten einführung Robastre's, sein vater einfach „*vng luton*" genannt wird, wie es in LPR stets der fall ist, während N 171ʳ 9 bis zum schluss stets Mallabron, ein diener Auberon's, als vater Robastre's auftritt. Ich werde natürlich auf diese bezeichnende inconsequenz später zu sprechen kommen.

15.] Am nächsten morgen begiebt sich Mabillette in das schloss, um Gauffroy's richterspruch zu erfahren. Nach LP wird sie schon vorher von Hernaut im stiche gelassen (L 10f 44, P 28c 2), während in N (133ᵛ 28) dieser sie in den palast begleitet; aber auch hier überlässt er im entscheidenden momente die unglückliche ihrem schicksal.

16.] Mabillette weist vor aller augen die werbung Hugo's von Auvergne mit entrüstung zurück. Sie bittet um aufschub, da sie einen ritter erwarte. Auf verwendung seiner ritter bewilligt ihr Gauffroy schliesslich eine frist von 8 tagen.

Die längere fassung (L 11c 51 = P 29c 30) wendet sich zu dem in der grube gefangenen Garin zurück, der in N (136ʳ 25) bereits auf dem wege nach Monglane begriffen ist. Sein hund zeigt ihm in beiden fällen den weg dorthin: L 11e 30, P 30c 7: *Et li brachez le suit que li glous amena* (P: *enmena*) *Quant il fu el chemin la trache regarda* (P: *les esclos bien troua*) N 136ʳ 28: *Son bracquet regardoit qui sieuoit son trayn Ou sa dame ot passé bien sauoit le chemin.*

Gemeinsam, aber in N einfacher dargestellt, ist Garin's kampf mit dem feigling Ernault,[1]) der von Garin unschädlich gemacht wird.

---

[1]) Stoeriko, a. a. o., s. 20 sagt: „Der begleiter der heldin ist in beiden gedichten als feigling characterisiert." Beide fassungen, sowohl LP wie N, sind inconsequent in der characteristik Ernaut's. Während er vorher Mabillette, sobald sie in not gerät, verlässt, wird er hier, in dem kampfe mit Garin, als ein wackerer ritter geschildert: L 11f 35, P 31a 4: *Grant fu et esleuez si ot le cors plenier En toute une contrée n'ot meillor cheualier...,* cf. hierzu N 137ʳ 11: *Garin estoit moult fort corraigieulx et membrus Ainssy estoit Ernaulx fors fier et* [*mout*] *cremus Mais il estoit traitres...*

Nur LP berichten dann von einem recht abenteuerlichen kampfe Garin's mit 15 räubern.¹) In Monglane steigt Garin ab, nach LP bei Berart de Valcomble, der hier zuerst eingeführt wird, in N bei einem ritter. Geführt von dem hunde, gelangt er zur geliebten (nach N trifft er da Robastre), sie gestehen, sich von anfang an geliebt zu haben. Garin tritt jetzt für ihre ehre ein, er fordert Hugo von Auvergne zum zweikampf heraus, dieser wird auf den folgenden tag angesetzt.

(Durch Stengel's abdruck in Groeber's zs. VI, s. 405 steht mir für das folgende wieder vollständiges material zur verfügung. Ich werde deshalb vorläufig wieder in der gegenüberstellung der beiden fassungen eine grössere ausführlichkeit beobachten.)

17.] LPRT berichten gemeinsam: Garin rüstet sich zum zweikampf. Sein gegner Hugo eilt zum herzog und bittet ihn, die zusagen, die er am vorhergehenden tage gemacht habe, zu halten. Gauffroy erwidert ihm, er möge sich Mabillette im kampfe erstreiten. Die unglückliche begiebt sich zu ihrer guten wirtin. Sie reiten zu Garin, um ihm bei anlegung der rüstung behülflich zu sein. Garin beruhigt seine geliebte über den ausgang des kampfes. Viele leute sind versammelt, um Garin zu sehen. Berart de Valcomble versammelt seine mannen, da er misstrauisch gegen Hugo ist. Gemeinsam reiten sie in den schlosshof. Gauffroy fragt Mabillette nochmals, ob sie endlich entschlossen sei, in Hugo's forderung einzuwilligen. Sie beharrt bei ihrer weigerung. Garin fordert Hugo, den er vorher noch nie gesehen hat, zum kampfe heraus.

N (142ᵛ 11) giebt einen wesentlich anderen, knapperen bericht, cf. oben I, 1. Dieser abschnitt bietet für unsre untersuchung fast kein material. — Vorläufig bin ich wieder auf die hss. LPN allein angewiesen.

18.] Der zweikampf mit Hugo von Auvergne fällt beide male zu gunsten Garin's aus. Die mannen des besiegten stürzen aus dem hinterhalte hervor, es kommt zu einer regelrechten schlacht. (Von 40a 1 steht mir auch R wieder zur verfügung.) L 15a 39, P 41b 7, R 40a 1 (= N 149ʳ): Garin steht mitten im gefecht und teilt wuchtige hiebe aus, Gauffroy

---

¹) Stoeriko's analyse ist hier unrichtig: L 12e 41, P 33a 21: „Le (sc. Gerardin) *feri li uns d'aus*" giebt er wieder durch: „er (Gerardin) haut einen der räuber nieder!" (Der zusammenhang ist ein ganz anderer.) Auch entkommen 2 von den räubern, welche Garin überfallen, nicht einer: L 12f 16, P 33b 16.

schäumt vor wut. Schliesslich ziehen sich Garin und sein wirt Berart in des letzteren haus zurück, Gauffroy bricht nach Monglane auf. Berart ermuntert seine leute (PR fügen hinzu: Er lässt die thore schliessen und setzt sich mit Garin zu tisch). Gauffroy lässt Mabillette herbeiführen u. s. w. (das weitere habe ich bereits oben, I, 1 und 2, angegeben.)

19.] Beide fassungen stimmen überein bis auf das auftreten des riesen Robastre. In N sahen wir ihn schon 131^v der bedrängten Mabillette sich als kämpen anbieten, in LPR tritt er wunderbarer weise erst jetzt auf: Als sich die nachricht von der verheiratung Mabillette's und Gauffroy's im hause Berart's verbreitet, springen Garin und Berart sofort vom essen auf, entschlossen, zur hochzeit mit dem schwerte aufzuspielen. Berart ruft seinen charretier Robastre zur verstärkung herbei (L 15c 15, P 42a 19, R 40d 15). Robastre's abkunft wird in beiden fassungen mitgeteilt durch Berart: LPR: „5 stunden von hier hielt sich vor zeiten ein kobold auf, der sich in ein bauernmädchen verliebte; sie gebar, aber nicht auf natürliche weise. (P 42c 5 R 41b 1 erzählen ausführlicher: *Li ventre li rompi si prist ci a crier Que trestot le païs fist antor resonneir Les nues tres chaingier et plouvoir et vanteir Et espertir le ciel foudroier et tonneir*). Die mutter starb bei seiner geburt. (PR: Als Robastre 5 jahre alt war, begann er bereits kinder zu töden.) Die dame, die ihn aufgenommen hatte, floh. Berart nahm ihn auf und liess ihn den wagen und die pferde führen.

N berichtete früher (131^v 1 ff.), sich mehr an PR anschliessend, folgendermassen: Robastre ist stärker als jeder andere mensch, auch im essen kommt ihm keiner gleich. In Berart's dienste steht er seit 15 jahren. Er ist der sohn eines kobolds, der sich in der nähe von Monglane umhertrieb. Dieser „*luton*", der die fähigkeit hatte, sich in alle möglichen gestalten zu verwandeln, verliebte sich in die tochter eines bauern, welche die schafe hütete. Ihr sohn ist Robastre. Bei der geburt musste der leib der mutter gewaltsam geöffnet werden. Berart nahm Robastre in sein haus auf.

20.] Nachdem Garin, Berart, Robastre u. s. w. nach dem schlosse aufgebrochen sind, nehmen die dinge etwa folgenden verlauf:

LPR: 300 ritter etwa sind um Gauffroy versammelt, zu seiner rechten befindet sich Mabillette. (PR: Sie war reich gekleidet. Von ihrer grossen schönheit werden alle bestrahlt.) Garin schlägt die thüre ein. (L erzählt einfach: 15e 37:

Que le portier en fu desouz acouueté Ainc ne li volt mot dire). Nach PR schlägt Robastre den thorhüter mit seiner keule zu boden und wirft ihn in einen graben. Garin rühmt ihn für seine that und fordert ihn auf, an der thüre wache zu stehn. Aber Robastre will kein thorhüter sein, sondern mitkämpfen: P 43a 28, R 42a 1: *Amis ce dist Garins tu feras a ton gré Ce* (R: *Quant*) *que tu volras faire.* Garin verschliesst das thor. LPR berichten wieder gemeinsam: Sie gelangen in den saal. Garin erblickt sofort Gauffroy, neben ihm Mabillette. In L stellt Garin den herzog sofort zur rede, er fordert die freilassung Mabillette's. Diese will auf den geliebten zueilen, wird aber durch den herzog zurückgehalten. Garin zieht sein schwert und geht auf Gauffroy los: der kampf wird allgemein. In PR bewundert Garin die schönheit Mabillette's, er begrüsst seine geliebte. Sie beklagt sich über den herzog, der sie geschlagen habe. Garin verspricht, sofort rache an dem bösewicht zu nehmen; sie küssen sich. Gauffroy fordert seine mannen auf, den eindringling Garin gefangen zu nehmen. Der kampf beginnt.

Die darstellung in N ist leicht aus I, 1 zu ersehen.

21.] Der kampf. LPR: Berart und Robastre greifen in den kampf ein. (L: Garin wird sehr bedrängt, erwehrt sich aber aller.) Robastre besonders gibt vielen den tod. Garin ist hocherfreut darüber. Auch er erschlägt einen schurken (L: Bernart, PR: Berart). Zu seinem bedauern kann er Gauffroy nicht finden. Auf der andern seite wüten Berart und Robastre. Der herzog flüchtet sich unter eine bank, Robastre haut diese in stücke (L 16a 4, P 44b 4, R 43a 5). Der herzog packt Mabillette und flieht mit ihr in seine kammer (PR: dort schliesst er sie ein). Dann eilt er in den turm und fleht seinen sohn und 30 ritter um hülfe an.

Den einfacheren bericht von N vgl. wieder oben, I, 1.

22.] L 16a 19, P 44c 4, R 43b 3: Gauffroy's sohn gürtet sich, als er seinen vater in thränen ausbrechen sieht,[1]) sein schwert um; seine gefährten rüsten sich ebenfalls. (PR: Zu seinem unglück drang Garin in den saal ein. Er sucht Mabillette und glaubt wahnsinnig zu werden, da er sie nicht finden kann. Robastre wütet furchtbar. Man kann sich im

---

[1]) R hat (43b 3): *De ces iex de sa teste a tenrement ploré*. Dies, von Gauffroy's sohn ausgesagt, passt weder dem vers (-ér-tir.) noch dem sinne nach. Richtig haben PL: *Quant li fiex voit son pere devant li dementer Et des iex de son cief molt tenrement plorer . . .*

saale kaum regen. Robastre schafft platz: er stürzt viele
zum fenster hinaus.) Der sohn des herzogs kommt seinem
vater zu hülfe, Berart lässt durch Robastre die thüre schliessen.
Er verzweifelt bereits, am liebsten möchte er den rückzug
antreten. Der sohn des herzogs verhöhnt ihn. Er wird seinerseits von Robastre verspottet und erschlagen. Die übrigen
wagen nicht Robastre anzugreifen, sie weichen vielmehr über
eine brücke in eine zufluchtsstätte zurück, wo sie die thore
verriegeln. Garin, Robastre und Berart kehren in des letzteren
burg zurück.

N 152^r 29: Fouccars, der sohn Gauffroy's [vorher 152^r
23: Berart!; in P: Garonbert (46b 5), R: Garibert (45a 15),
in L wird er nicht mit namen genannt], versammelt die
„*ducans*", die mannen des herzogs. Alles kommt zum kampfe
herbei. Garin, Berart und Robastre teilen wuchtige hiebe
aus. Robastre steigt, als er Garin und Berart bedrängt sieht,
auf einen tisch und schwingt seine keule ... (cf. oben die
analyse, s. 12).

23.] L 16b 20, P 45b 21, R 44a 24: Der herzog verlässt
den palast und versammelt seine mannen. Er erinnert an die
schande, die ihm von Berart de Valcomble widerfahren ist,
und fordert seine unterthanen auf, ihn zu rächen. Wer ihn
im stiche lässt, ist des todes schuldig. Man beginnt sofort
Berart's burg zu belagern. Die belagerten verteidigen sich,
indem sie grosse steine hinabschleudern. Eine leiter wird
angelegt. Die ersten, die oben anlangen, erliegen den keulen-
hieben Robastre's. Ein andrer, der noch weiter vorgedrungen
war, fordert, sobald er Robastre erblickt, seine gefährten zur
flucht auf. Robastre schlägt auf ihn los, der andere gleitet
aus, stürzt auf die unterhalb stehenden, und die leiter fällt
um. Von 16c 16 (P 46a 4, R 44d 11) ab weicht L von PR
bedeutend ab.

N hat diese kämpfe hier überhaupt nicht, es bringt sofort
nach dem rückzuge Garin's, Berart's und Robastre's die von
allen hss. (P hat hinter bl. 48 eine lücke, seine lesart ist
aber durch R gesichert, cf. oben I, 2) gemeinsam berichtete
scene, in der Mabillette, durch Rohart des verrates angeklagt,
schliesslich dem herzog Gerart zur bewachung übergeben wird.
Diese scene wird überall auf gleiche weise dargestellt, nur
wird sie in N gleich nach dem 1. kampfe (165^r), in L während
der belagerung Garin's etc. durch Gauffroy, in (P)R nach
dieser belagerung eingefügt.

24.] Ich lasse jetzt, ohne rücksicht auf diese scene zu nehmen, die schilderung des weiteren verlaufs der belagerung folgen. Auch hier weicht L von PR beträchtlich ab.

L 16c 16: Gauffroy giebt befehl, die burg scharf zu bewachen. Er selbst kehrt nach Monglane zurück, es folgt die scene mit Mabillette. 16f 42 wird uns Gauffroy ohne weitere bemerkung wieder vor Berart's burg unter den belagerten vorgeführt! Er verspottet Garin, der am liebsten sofort einen ausfall unternommen hätte. Aber Berart rät ab, er schlägt vor, am folgenden morgen vor tagesanbruch die burg zu verlassen. Man ist damit einverstanden. Der beabsichtigte ausfall wird ausgeführt. Der herzog beeilt sich, die seinigen zum kampfe zusammenzurufen.

In PR nimmt die belagerung folgenden verlauf (P 46a 4, R 44d 11): Garin steht am hauptthore. Die belagerer werden arg mitgenommen. Gauffroy schwört, schwere rache an Garin und Robastre nehmen zu wollen. Garin vermag seinen zorn über die beschimpfungen, die ihm durch Gauffroy widerfahren, nicht zu bemeistern; er möchte die burg verlassen. Berart hält es für thorheit, gegen eine so gewaltige übermacht ankämpfen zu wollen. Garin und Robastre bestehen darauf, dass der ausfall sofort unternommen werde. Sie rüsten sich, das thor wird geöffnet, auch Berart schliesst sich ihnen an.

N berichtet (nachdem Mabillette misshandelt und weggeführt worden ist) 157v 13: Garin ist mit Robastre bei Berart, Gauffroy in seinem palaste. Der herzoglichen schreiten zur belagerung u. s. w. cf. die analyse I, 1.

25.] Der kampf ausserhalb: L 17b 1, P 47a 17, R 45d 28; N 159v 15:

L: Garin, Berart und Robastre hauen kräftig zu. Die mannen Gauffroy's weichen zurück. Wo die feinde am dichtesten sind, schwingt Robastre seine „*perche*". Die „*ducans*" wenden sich schliesslich zur flucht, von Robastre verfolgt. Sie entkommen, und Robastre wendet sich zu Garin zurück.

PR: Robastre schwingt seine keule. Garin und Gauffroy sprengen auf einander los und kämpfen hartnäckig mit einander. Wenn seine leute Gauffroy nicht zu hülfe gekommen wären, so hätte Garin ihn getötet. Indessen wagen die feinde nicht, Garin anzugreifen, sie weichen wieder zurück. Gauffroy ruft das feldgeschrei, mehr als 1500 mann kommen zur hülfe herbei. Garin wird vom pferde geworfen, verteidigt sich aber auch so wacker; Robastre und Berart kommen ihm zu hülfe. Robastre erobert ihm sein pferd zurück. Sobald die dunkelheit anbricht, zieht man sich in Berart's burg zurück. Gauffroy, ausser sich vor wut, ruft seine leute zusammen, sie gehen schlafen (P 48c 6, R 47b 14).

N: Garin erschlägt vor Gauffroy's augen einen ritter u. s. w.; cf. den schluss der analyse, oben I, 1.

26.] L 17c 3 ff.: Garin klagt um Mabillette, Berart tröstet ihn. Er schlägt vor, zu Berart de Mauregart aufzubrechen.

P 48c 7, R 47b 15: Gauffroy lässt am andern morgen Berart's haus umstellen und den turm belagern. Garin fordert zornig seine leute auf, sich zu waffnen. Das thor wird geöffnet, die brücke niedergelassen. Garin verlässt zuerst das haus. Sobald Gauffroy ihn bemerkt, gerät er in zorn. Es kommt wieder zum zweikampf zwischen Garin und Gauffroy.[1]

N lässt nach der schlacht eine unterredung Gauffroy's mit Perdigon folgen, weicht also wesentlich ab.

27.] Der zauberer Perdigon wird uns in N noch als diener Gauffroy's vorgeführt, während er in LP(R) diesem längst davon gelaufen ist. Bemerkenswert ist die einleitung seiner einführung in N (162r 5): *Or commenche canchon de quoy les vers sont gent Et le matere vray (!) et de bel sentement C'est d'armes et d'amours tout au commenchement Et de petit aussy trayson y dessent Ains n'oyste[s] ystoire faite sy noblement ...* Dieser hinweis findet sich in LPR nicht. In Gauffroy's diensten fragt Perdigon nachts den teufel, auf welche weise Garin zu beseitigen sei. Der teufel antwortet: „Garin ist leider schon vor seiner geburt zum erzfeind der Sarrazenen ausersehen worden, doch würde er in eine schwierige lage geraten, wenn ihm seine hauptstütze, Robastre, genommen würde." Perdigon soll deshalb Robastre zum zweikampf herausfordern und ihn vermöge seiner zauberkünste gefangen nehmen. Perdigon bedauert, somit auch gegen Robastre's herrn, Berart, dessen schwester er innig liebe, kämpfen zu sollen.[2] N 163r 9: „*Ne t'en caut dist ly diables ...*" Der zweikampf zwischen Per-

---

[1] Hinter P fo. 48 folgt eine 8 blätter umfassende lücke. Den inhalt habe ich I, 2 nach der hs. R angegeben. Da mir von hier bis zum schlusse nur die lesarten von 3 hss. (L, R [resp. P], N) vorliegen, so gebe ich den inhalt nur in grossen zügen an.

[2] Dieses motiv fehlt in LP und ist auch in N nur mangelhaft durchgeführt. Perdigon fordert auf des teufels geheiss Robastre zum zweikampf heraus. 166r 4 trägt Berart's schwester — sie wird auch in N nicht mit namen genannt — Robastre die keule für den kampf mit ihrem liebhaber herbei!

digon ¹) und Robastre — er fehlt natürlich in LP — bleibt lange unentschieden. Schliesslich gelangt Robastre, dem versprechen des teufels gemäss, durch zauberkünste in die gewalt seiner feinde: Perdigon nimmt die gestalt eines pferdes an und trägt Robastre auf dem rücken von dannen. Neu ist natürlich auch in N die list, welche Robastre anwendet, um die freiheit wieder zu erlangen. Er bricht sich nachts zu dem schlafenden Gauffroy bahn, nimmt die stimme eines kindes an und beschuldigt Perdigon, ihn (Robastre) des nachts aus dem schlosse in's freie gelassen zu haben etc.: N 173r 27.

28.] Nachdem N diese verwicklungen, um die es reicher ist als LP, zu einem glücklichen abschlusse gebracht hat, zeigt es sich wieder im einklang mit der längeren fassung. Besonders als es sich darum handelt, den 4. im bunde: Bernart de Mauregart, einzuführen, zeigen die 3 hss. mehrfach wörtliche anklänge: cf. L 18f 41, P 52b 12, N 175r 9 . . . Die castellanin schickt einen boten zu Bernart, welcher nach LP einen ring überbringt [fehlt N ²)]. Garin schenkt dem boten in beiden fassungen sein pferd, empfängt aber schlechten dank dafür: beide male wird Garin von ihm verraten. Garin, Robastre etc. kommen zum rendez-vous mit Mabillette, werden aber von Gerart überrascht (in LP von G. und Gauffroy, der aber sofort wieder abzieht). In beiden fassungen finden wir dieselbe amüsante unterhaltung zwischen Gerart und seiner gemahlin (cf. zu Stoeriko, a. a. o., § 29: N 180v 14 ff.). Näher geht hier N mit P zusammen: Die im keller versteckten spielen schach, Robastre möchte sich daran beteiligen, aber Berart weist ihn ab: er sei ja kein ritter (N 180r 21, P 55a 26). Robastre verwahrt sich dagegen: Seine geliebte Plaisanche habe ihn zum ritter geschlagen.

29.] Gemeinsam berichten beide fassungen wieder: Am andern morgen kommt der herzog, das schicksal Mabillette's muss sich entscheiden. Berart und Garin treten in der pilgertracht auf. Es folgt in beiden fassungen der zweikampf

---

¹) Dem Perdigon der fassung N muss bereits der zauberer Maugis im Renaut de Montauban vorausgegangen sein (auch sonst zeigt sich der dichter von N mit Renaut d. M. vertraut). N 158r 1: *Et sauoit* (sc. Perdigon) *d'ingremanche plus ne f[ë]ist Maugis.* Vielleicht gab diese stelle 1518 M. Lenoir veranlassung, diese beiden zauberer in einer dichtung zusammenzustellen. cf. Gautier, Ép. IV, s. 28, z. 25.

²) Doch cf. N 184r 6: *Vng annel luy moustra a vne piere honnye Que le belle Mabille luy* (sc. Garin) *donna l'autre fye;* so auch an dieser stelle in P (60c 20): *Vn anel i coisi que ele li dona* (dies fehlt hier L: 21a 40).

zwischen Garin und Rohart. Wiederum haben N (185ᵛ 1) und P (61d 13) einen zug gegen L gemeinsam: Gauffroy ist freudig erregt, sobald der zweikampf zu ungunsten seines vasallen Rohart auszufallen droht, da er am liebsten Mabillette selbst besitzen möchte und in dem glauben ist, Garin kämpfe für ihn. Auch wörtliche anklänge finden sich hier, cf. zu N 185ʳ 25, L 21c 7, P 61b 30.

30.] Nach dem kampfe suchen Garin und Berart sich und Mabillette durch die flucht zu retten, sie sprengen über eine brücke [L 21d 33, P 62b 30: über die Gironde¹)]. Garin und Mabillette sind in sicherheit, während Berart und Robastre gefangen genommen werden. In LP tritt jetzt Perdigon zum ersten male auf. In gleicher weise gesellt er sich in beiden fassungen zu Garin und Mabillette, welche auf ihrer flucht rast gemacht haben; er wird von Garin als neuer bundesgenosse auf das herzlichste begrüsst. Man flüchtet sich vor dem heranziehenden Gauffroy in das von Perdigon aus einem heuhaufen (L 22d 34 *moulon de fain*, P 66b 5, N 192ʳ 25: *mofle d. f.*) hervorgezauberte schloss (L 23d 40, P 67a 5,²) N 192ᵛ 6).

31.] Garin, Mabillette und Perdigon werden von Gauffroy belagert, sie ziehen am nächsten morgen (in N nach 8 tagen) nach Mauregart zu Bernart ab. (Nach N werden sie unterwegs von Gauffroy überfallen, Perdigon fällt in seine hände). In LP tritt jetzt ein Antiaume, commandant von Monglane, auf. Die fassung N kennt ihn nicht und alles das, was

---

¹) Schwerlich wird man aus dieser angabe den schluss ziehen können, dass der dichter klare vorstellungen über die lage von Monglane gehabt habe. Auch die angabe Garin's (L 20f 51, P 60a 13), er sei am morgen von Marseille aufgebrochen, ist zur ortsbestimmung von wenig belang, nach N 95ᵛ 16 liegt es in der landschaft Angiers. Auch sonst wird wenig über die lage von Monglane bekannt gewesen sein. Albéric de Trois-Fontaines (cf. Pertz, Mon. Germ. Hist. XXIII, s. 716) sagt: „Monglane versus Tolosam." Worauf die angaben von Tressan und im Girart d'Euphrate, welche Monglenne = Lyon setzen, zurückgehen, weiss ich nicht zu bestimmen. Wohl sind für Lyon im mittelalter noch andre namen im gebrauch gewesen, z. b. Fourvières (cf. Élisée Reclus, Nouvelle Géographie Universelle, II: La France, Paris, 1877, p. 396); den namen Monglane finden wir indessen nicht verzeichnet. — N setzt für Monglenne häufig Moglenne: 96ʳ 12, 117ᵛ 14 u. s. w.

²) Die scene, in welcher sich Perdigon der schlafenden Mabillette in tiergestalt nähert (P 63c 29); wird in P besonders breit ausgeführt. P 63c—64a haben wir 5mal ziemlich (es sind verschiedene tiraden) denselben vers: „*Vers la fontaine s'est tot droit aceminée.* Es folgt 3mal der vers: *Ou Mabillette dort d'encoste deffublée* und dann ebenfalls 3mal: *Et quant Garin le voit la main mist a l'espée* . . .

Stoeriko, a. a. o., § 32 und § 33 analysiert hat, fehlt hier. In N gelangen Berart und Robastre, nachdem sie die wächter des schlosses Beauffort niedergemacht haben, in's freie (195r 25). Recht bezeichnend ist, dass in LP wie in N Perdigon in Gauffroy's gefangenschaft, aber auf verschiedene weise, gerät, während die list, durch die er dem tode zu entgehen weiss, in beiden fassungen dieselbe ist (cf. Stoeriko, a. a. o., § 34).

32.] In LP greifen jetzt schon die schmiede in die handlung ein (L 26c 26, P 78c 20), wir haben bis zum schlusse ein wirrwarr von kämpfen, die N, wie man deutlich sieht, mit absicht nicht in seine darstellung aufnimmt.

N 200r 19 ff. führt eine anzahl personen ein, welche LP nicht kennen. Die hauptrolle unter ihnen spielen 2 verbrecher, welche der guten sache Garin's und Mabillette's hindernd in den weg treten:
1. Mabillette's bruder, Guion de Limoges,
2. Mauion, der sohn Berart's.

Guion de Limoges wird in LP überhaupt nicht mit namen genannt: L 7e 31, P 20a 25 sagt Mabillette allgemein: *Vns miens freres* ... Nach N ist er ein vasall Gauffroy's und macht gemeinsame sache mit ihm. Er lockt Mabillette und Garin, unter dem vorwande, sie verheiraten zu wollen, auf sein schloss und setzt Garin gefangen. Mauion andererseits trägt Mabillette seine liebe an, wird aber abgewiesen, trotz seines versprechens, Garin befreien und Gauffroy, der ihr nachstelle, vergiften zu wollen. Mauion glaubt am besten zum ziele zu gelangen, wenn er Guion aus dem wege räume. Ein verwandter geht auf seinen plan ein: Guion stirbt, Mauion beschuldigt Mabillette, ihren bruder vergiftet zu haben (N 209v 8, 211r 3). Die unschuldige wird von neuem in's gefängniss geworfen und aufgefordert, einen kämpen zum beweise ihrer unschuld zu stellen. Der gefangene Garin wird durch Perdigon befreit. Mabillette zu hülfe wird durch Mallabron Robastre ausgesandt. Er fordert Mauion zum zweikampf heraus, aber auch er gerät nach verschiedenen episoden in Gauffroy's gefangenschaft. Robastre und Mabillette erhalten schliesslich durch Perdigon die freiheit wieder.

N befindet sich jetzt wieder im einklange mit LP. Guion, Mauion und auch die nebenpersonen treten nicht mehr auf, sie werden nicht einmal mehr genannt.

33.] Bedeutendes auseinandergehen zeigen beide fassungen besonders im schlusse, wo es sich um die endgültige eroberung

Monglane's durch Garin handelt. Es ist hier geradezu unmöglich, auf einzelheiten näher einzugehen. N giebt den schluss (233ᵛ - 259ᵛ) in etwa 1400 versen, L (26c—40f), P (78c — 118c) dehnen ihn über 4600 resp. 4700 verse aus; man vergleiche Stoeriko, a. a. o., s. 15 — 19. In beiden fassungen findet Garin in einem heere von schmieden treue bundesgenossen. Von den in LP hinzukommenden feinden Garin's kennt N nur Sorbaré und Gaumadras. N hebt nur hervor, dass Garin gefangen, durch Robastre aber wieder befreit wird. Monglane wird in kurzer zeit eingenommen, Gauffroy kommt indessen mit 12000 mann zum entsatz herbei und fordert Garin auf den folgenden tag zum kampfe heraus. Die schlacht wird von Garin gewonnen, er selbst wird infolge seiner unvorsichtigkeit gefangen genommen, erlangt aber in beiden fassungen auf gleiche weise die freiheit wieder, cf. zu Stoeriko, a. a. o., § 42: N 251ʳ 23 ff. Ein nochmaliger zweikampf zwischen Gauffroy und Garin setzt diesen in den besitz von Monglane. Der schluss, die reise Garin's und Mabillette's an Karls hof etc. wird in beiden fassungen gleich erzählt. N geht dann nochmals auf die 3 gesten ein und beschäftigt sich besonders mit der des Doon de Mayence, N 258ʳ 1 ff.

III. Die Stellung der Fassung N des Garin de Monglane zum Durmart le Galois.

Stoeriko hat in seiner oft von mir citierten arbeit den unumstösslichen beweis geliefert, dass die fassung LPR des Garin de Monglane eine reihe von motiven aus dem abenteuerromane Durmart le Galois entnommen hat. Nicht nur lehnt sich, wenigstens was den ersten teil des Garin de Monglane betrifft, der gang der handlung augenfällig an die darstellung im Durmart an, es finden sich auch wörtliche anklänge. Die fassung N unserer chanson, die augenscheinlich ein jüngeres gepräge als LPR(T) trägt, weicht, wie teil II gezeigt hat, gerade im anfang nicht wesentlich von LPR(T) ab, es ist daher auch hier der gedankengang im ganzen derselbe wie im Durmart.

Im einzelnen[1]) indessen lässt sich für die fassung N nicht mehr scene für scene Durmart als vorlage nachweisen. Wörtliche anklänge wären, wenn sich nicht LPR als übergangsstufe zwischen dem Durmart und der fassung N erwiese, überhaupt nicht mehr zu erkennen. So erinnert bei dem ersten zusammentreffen zwischen Garin und Mabillette (Stoeriko, a. a. o., s. 38) nur noch die erwähnung der wiese, auf der Garin, Mabillette und Hernaut lagern, an den wortlaut im Durmart und in LPR, während alle übrigen züge bereits abgeblasst

---

[1]) Dass Stoeriko in seiner beweisführung manchmal über das ziel hinausgeschossen hat, habe ich schon oben (s. 28 anm.) darzuthun versucht. Auch s. 20 z. 25 bei Stoeriko ist dies der fall. Er behauptet dort: „Der aufeinanderfolge von frage und antwort zwischen Durmart und Fenise entspricht genau der dialog zwischen Garin und Mabillette." Thatsächlich entsprechen sich nur — und gewiss selbstverständlich! — gruss und gegengruss. Auch dass der held in beiden fällen schliesslich auf die liebe, die ihn zu der unbekannten schönen ergriffen hat, zu sprechen kommt, scheint mir bedeutungslos zu sein. Diese übereinstimmung bot sich durch die lage der dinge von selbst.

Es war vielleicht die absicht des dichters der Chanson Garin de Monglane — die sich in diesem punkte wie auch in manchen einzelheiten mit der Chanson de Gaydon vergleichen lässt — sich die oder einige abenteuerromane zum muster zu nehmen. So finden wir eine nähere übereinstimmung zu Raoul's Meraugis, dessen verwandtschaftsverhältnis zum Durmart von Kirchrath, Li Romans de Durmart le Galois in seinem verhältnis zu Meraugis de Portlesguez und den werken Chrestiens de Troyes, Marburg 1884 (Ausgaben und Abhandlungen aus dem gebiete der roman. philologie, ed. v. E. Stengel, XXI) festgestellt worden ist (cf. indessen G. Paris, Hist. Litt. t. XXX, p. 159 anm.), in dem zuge, dass der held, welcher auszieht, die geliebte zu suchen, von allen, die er über sie befragt, für einen narren gehalten wird; cf. zu Meraugis, ed. Michelant, s. 151 v. 12: L 4c 33, P 9d 12: „*Tuit li plusour l'en tienent a fol et a bricon*" und N 110a v. 3: „*Li vng le tient a niche l'autre a mesqu[rë]ant Se le tiennent a yvre [i]cel jour ly aucquant.* Im Durmart wird dieser zug nicht mit demselben nachdrucke betont, gelegentliche bemerkungen finden sich auch hier, cf. Durmart, ed. Stengel, v. 1331 ff. u. 1389 ff.

Vielleicht hat andererseits Stoeriko einige übereinstimmungen zwischen Garin de Monglane und Durmart übersehen. So ist nach s. 17 möglicherweise die erscheinung des lichterbaums (im Durmart) abgeblasst in den Garin de Monglane übergegangen. Auch die characteristik der Galïenne, welche im Garin de Monglane zum ersten male als treulose gemahlin Karls auftritt (cf. Gautier, Ép. IV, s. 130), ist vielleicht dem Durmart nachgebildet. Wie hier die frau des senneschalls den Durmart, so sucht dort die gemahlin Karls den helden Garin zu verführen. In beiden fällen widersteht der held der versuchung. Die übereinstimmung ist zwar keine vollständige, aber auch Madame Potiphar würde, wenn man überhaupt ein vorbild für Galïenne annehmen will, als solches kaum gelten können. Jedenfalls macht die sonstige auffällige einwirkung des Durmart-romanes auf Garin de Monglane auch beeinflussung in diesem punkte wahrscheinlich.

sind. Auch die ähnlichkeit, welche Stoeriko s. 40 geltend macht, fällt für N weg.

Ferner sind einige motive, die für Stoeriko bei der beurteilung der fassung LPR unterstützend mitwirken mussten, in N ganz beseitigt. Dort (LP) ist Mabillette, wie im Durmart Fenise, als der held zum ersten male mit ihr zusammentrifft, allein. In N befindet sich Hernaut in ihrer begleitung und giebt wiederholt seinem unwillen über die anwesenheit Garin's ausdruck. Auch die von Stoeriko § 57c und § 89 beobachteten übereinstimmungen fallen für N weg. Dagegen ist die ziemlich bedeutsame einführung des hundes geblieben, vielleicht sogar in N besser motiviert worden.

Andererseits lassen sich im Durmart und in der fassung N zwei weitere motive als gemeinsam nachweisen, die in LPR kein analogon finden. Nachdem Rogier über die schönheit Mabillette's bericht erstattet hat, fragt ihn N 110a^r 4 Garin wie Durmart v. 1170 nach dem namen der geschilderten schönen, kann aber keine auskunft darüber erhalten. Dort wie hier wird der erzählende von dem helden für seine „nouuele" durch geschenke belohnt. Cf. zu Durmart, ed. Stengel, v. 1195: „*Aportées m'as telz nouuelles Qui molt me sunt bones et beles Et tu i dois bien gaaignier*" *Lors li a fait C solz baillier* . . . N 110a^r 19: „*Amis se dist Garin a Ihesus vo command Pour iceste nouuelle te donray vng bessant.*" Ferner stimmt N, im gegensatz zu LPR mit dem Durmart überein: N 133^v 28: Mabillette geht, um Gauffroy's richterspruch zu vernehmen, in das schloss. Nach N wird sie von Ernault dahin begleitet, während dieser sie in L (10f 44), P (28c 2), schon vorher verlässt. Ebenso begleitet im Durmart der „grosse ritter" die dame an den hof. Sie fordert ihn auf, für sie mit dem schwerte einzutreten, wird aber von ihm im stiche gelassen. Schliesslich tritt der held: Garin resp. Durmart für die bedrängte ein; cf. zu Durmart v. 2480: *Li grans chevaliers s'esbahist* . . . N 133^v 29: *Et a dit a Ernault qui de paour tressue* . . .

Weitere übereinstimmungen zwischen der fassung N und dem Durmart dürften kaum zu constatieren sein, auch auf die wenigen beobachteten ist vielleicht nicht allzuviel gewicht zu legen.

IV. Ergebnisse.

Die in den beiden vorhergehenden abschnitten versuchte gegenüberstellung der handschriftlichen texte zeigt deutlich, dass wir zwei verschiedene fassungen unsrer chanson Garin de Monglane vor uns haben, von denen die eine durch die hss. LPR(T) repräsentirt wird, die andere in der hs. N vorliegt. Sie beweist andererseits, dass sich diese beiden fassungen im einzelnen enger berühren, als die Gautier'schen analysen vermuten lassen. Folgende characteristische unterschiede zwischen den beiden fassungen treten aus unsrer analyse deutlich hervor:

1. Äusserlich betrachtet ist als vorzug auf seiten der fassung N hervorzuheben, dass sie bedeutend kürzer ist als LPR(T), dass sie im ganzen denselben inhalt, den L auf 12600, PR sogar auf 15000 verse ausdehnen, in etwa 8400 v. zusammendrängt.

2. Dieser unterschied wird im wesentlichen durch die art der darstellung, nicht durch die zahl und mannigfaltigkeit der scenen hervorgerufen. Die fassung LPR(T) giebt eine bedeutend breitere darstellung, kunstlos reiht sie scene an scene, sie ist reich an worten und verhältnismässig arm an inhalt. Diesen vorwurf können wir dem dichter der fassung N nicht in demselben masse machen. Die darstellung ist hier klarer, präciser und abwechslungsreicher. Wenn N von LPR(T) abweicht, so thut es dies bewusst, in dem streben, eine bessere motivierung zu erzielen. So ist vor allem die im abschnitte II, 6 gezeigte bedeutende abweichung der beiden fassungen zu verstehen. Aus der darstellung in N lässt es sich begreifen, warum Garin es sich zum lebensziele setzt, die heidenstadt Monglane zu erobern, warum ihn ewiger hass gegen Gauffroy erfüllen muss. In dieser expositionsscene macht uns N mit den hauptpersonen der ganzen Chanson, mit Mabillette, Gauffroy, Hugo etc. schon bekannt. Der dichter lässt es sich angelegen sein, schon hier interesse und sympathie des lesers für seinen helden Garin zu erwecken. Dass aber hier trotzdem die fassung LPR(T) das ursprüngliche bietet, dass die änderung von N bewusst vorgenommen wurde, zeigt das ungleiche verfahren von N bei der darstellung der zustände in Monglane. Man vergleiche Monglane, wie es von Garin durch eigene anschauung kennen gelernt wird (N 96ʳ 12 ff.), mit dem

Monglane, wie er es Karl d. Gr. gegenüber schildert, und man wird finden, dass der zweite bericht mit dem ersten kaum, wohl aber mit dem der fassung LPR übereinstimmt. Der erstere bericht ist also von N frei erfunden und lehnt sich nicht an die vorlage an.

Zum zwecke einer besseren motivierung kommen in N noch eine reihe von personen hinzu, welche die vorlage nicht gekannt haben wird. So ist zunächst das auftreten Millons von Dijon und seiner schwester, einer cousine Garin's, aufzufassen (N 98r). Der vorliebe des dichters für die Burgunder und Lothringer habe ich schon oben (s. 18 anm. 3) gedacht. Hier ist dem dichter von N besonders daran gelegen, den herzog Gauffroy, dem man nach der fassung LPR nur den vorwurf machen kann, dass er ein heide ist, dass er Pipin's autorität nicht anerkennt und dass er sein besitztum Monglane auf leben und tod verteidigt, auch als einen verworfenen und gemeinen menschen vorzuführen: er will Garin's cousine vergewaltigen. Diese begiebt sich, nachdem Garin sie befreit hat, nach Paris an Karls hof; es ist natürlich, dass Garin sie dorthin begleitet. Kaum besser als in N konnte Garin's abzug nach Paris und seine belehnung mit Monglane motiviert werden. Alles dies vermissen wir in LPR. Dass aber trotzdem diese fassung ihrer vorlage getreuer gefolgt ist, als N beweist der umstand, dass Millon und seine schwester, nachdem sie ihre aufgabe, Garin Karl d. Gr. vorzustellen und zu empfehlen, gelöst haben, in dem ganzen weiteren verlaufe der darstellung selbst dem namen nach nicht mehr auftreten. Am bezeichnendsten ist, dass sie auch während des längeren aufenthaltes Garin's an Karls hofe nicht mehr genannt werden, dass auch ihrer etwaigen abreise etc. mit keiner silbe gedacht wird!

Dieselbe absicht des dichters von N, gut zu motivieren und besonders durch gegensätze zu wirken, hat auch die einführung Guions von Limoges, Mauions, Jonas' von Monferrant etc. veranlasst. Obwohl diese personen Garin wie Mabillette ziemlich nahestehen, sind sie dazu bestimmt, ihnen, wo es immer sein mag, qual und sorgen zu bereiten. Nachdem der dichter so die sympathie des hörers für die helden seiner chanson gewonnen hat, werden diese personen für ihn überflüssig: sie verschwinden plötzlich für immer, die fassung N befindet sich wieder im einklang mit LPR.

Beiläufig sei jetzt schon die frage aufgeworfen, ob und woraus der dichter von N bei der vornahme dieser änderungen geschöpft hat; unten, bei der besprechung der Enfances Garin de Monglane, werden wir ausführlicher auf diese frage zurückkommen. Zunächst ist es wohl möglich, dass der dichter von N, dem eine gewisse begabung (wenigstens mit LPR verglichen) nicht abzusprechen ist, aus sich heraus und ganz unabhängig diese änderungen vorgenommen hat; ihm, dem umdichter, werden wir später auch die abfassung der Enfances zuzuschreiben genötigt sein. Andererseits ist bei dem dichter von N in jedem einzelnen falle schwer zu entscheiden, ob directe entlehnung oder nur erinnerung an bekannte stoffe vorliegt. Vertraut zeigt sich der dichter (ich sehe hier von den Enfances Garin d. M. ab) mit den Lothringer- und Burgunderepen, mit Aimeri de Narbonne, der jugendgeschichte Karls d. Gr., Renaut de Montauban etc. Direct entlehnt scheint mir die figur Mallabron's (cf. IV, 3) und die scene zu sein, in der die schwester Millon's von Dijon von dem herzog Gauffroy überfallen wird. Diese letztere episode klingt sehr auffallend an die sich bald anschliessende (Mabillette wird von 4 räubern überfallen etc.) an und kann wohl durch die letztere veranlasst worden sein.

3. Auch durch andere abweichungen von LPR lässt der dichter von N sein streben, eine klare und präcise darstellung zu geben, erkennen. Die meisten auftretenden personen haben ihren bestimmten namen, fast keine wird allgemein bezeichnet. Robastre ist nicht wie in LPR der sohn eines kobolds, sondern Mallabron's (cf. indessen s. 30); Mabillette's bruder ist Guion de Limoges, nicht wie in LPR allgemein „*le comte de Limoges*" etc. Die charactere der in N auftretenden personen sind gerade, unzweideutig, beinahe einseitig. Karl d. Gr. lässt sich zwar, wenn er sich tief gekränkt glaubt, vom gerechten zorne ganz überwältigen (cf. II, 7), aber er ist sich seiner hohen stellung bewusst. Auf offene weise sucht er seinen vermeintlichen nebenbuhler Garin zu beseitigen. Seine grossen wagen in N nicht mit zurechtweisungen vor ihn zu treten, und sein palast ist nicht der ort für raufereien. Garin's heldencharacter zeigt in N keine widersprüche. Als er von Karl vorgefordert wird, wandelt ihn, trotzdem er weiss, dass sein leben auf dem spiele steht, nicht furcht an. In Mabillette hat der dichter die liebe und die treue verkörpert. In ihrer liebe zu Garin geht sie so weit, dass sie, aus furcht, sie könnte ihn verlieren, ihn bittet, ihrem freunde Perdigon, der sich in gefangenschaft befindet, nicht zu hülfe zu kommen; Perdigon werde sich wohl selbst zu retten wissen (N 195^r 12).

Guion von Limoges, Mauion etc. sind in N nur deshalb eingeführt, um die standhaftigkeit Mabillette's in dem glänzendsten lichte zu zeigen. Die übelthäter andererseits sucht der dichter von N möglichst schwarz zu zeichnen. In diesem sinne sind die züge, welche in N in der characteristik Gauffroy's hinzukommen, zu verstehen (cf. II, 6). Hugo von Auvergne ist in LPR bereits ein bösewicht, in N wird er auch als feigling gekennzeichnet: um den zweikampf mit Garin zu vermeiden, bietet er ihm Monferrant und seine schwester Frigonde an: N 143^v 9 ff. (oder soll dies nur eine höhnische herausforderung sein?) — Wie das gute um des guten willen zum siege gelangt, so muss die schlechtigkeit um ihrer selbst willen untergehen; so heisst es N 137^r 12: *Ainssy estoit Ernaulx fors fier et [moult] cremus Mais il estoit traïtres.* Infolge dessen muss Ernault den streichen Garin's erliegen.

4. Deutlich zeigt sich auch in N, ausser schwächer hervortretenden zügen, wie z. b. der vorliebe für kleinmalerei (cf. N 104^r, 4—16 und 193^v), die abneigung des dichters gegen die schilderung von schlachten. So fehlt gleich zu anfang die schlägerei in Karls palast (Stoeriko, a. a. o., s. 4 z. 40 ff.); Garin's kampf mit Rengnaut (LPR: Rigaut) etc. ist in N bedeutend gekürzt; vermieden ist ferner Garin's abenteuerlicher kampf mit den 15 räubern (Stoeriko, s. 9, z. 32 ff.), ferner die langen kämpfe, welche sich an das auftreten Antiaume's, des befehlshabers von Monglane, knüpfen (Stoeriko, s. 14, z. 4 ff.); auch die langwierigen schlachten am schlusse der chanson sind in N bedeutend gekürzt. Einmal giebt der dichter selbst seiner abneigung gegen schlachtenschilderungen ausdruck: N 206^r 9 teilt er ausdrücklich, um abzubrechen, gleich das resultat des gefechtes mit: *Que vous iroye jou le canchon eslongant Pris fu et retenu* (sc. Garin).

Man könnte mir hier einwenden, dass der dichter von N im gegenteil neue kämpfe einführt, dass der kampf zwischen Garin und Gauffroy (N 99^v ff.), ferner der zweikampf zwischen Robastre und Perdigon (167^v ff.) doch wohl auf seine rechnung zu setzen seien. Diese kämpfe sind indessen durchaus gut motiviert und erklären sich aus der neigung des dichters, heterogene elemente im widerstreit mit einander vorzuführen

5. Unverkennbar ist auch in N die vorliebe für das wunderbare und übernatürliche. Der riese Robastre und der zauberer Perdigon greifen hier bereits viel früher in die handlung ein als in LPR. Letzterer tritt sogar noch im dienste Gauffroy's auf, und der dichter versäumt nicht, ihn

uns alsbald im zweikampfe mit Robastre zu zeigen, die überlegene zauberkunst im streite mit der übermenschlichen kraft.

Ganz neu ist in N das auftreten Mallabron's, des vaters von Robastre. Der dichter verrät deutlich, dass er diese person nicht seiner vorlage entnommen hat: als er zum ersten male über Robastre's wesen und seine herkunft spricht, nennt er seinen vater (ebenso wie LPR allgemein): „*vng luton*" (N 132r 2), während später Mallabron dafür eingesetzt wird (N 171r 9).

Schon Gautier hat, Ép. IV, s. 141, darauf aufmerksam gemacht, dass uns Mallabron als vater Robastre's auch im Gaufrey begegnet, in jener chanson, welche sowohl stofflich wie zeitlich als eine fortsetzung der fassung LPR(T) unsrer chanson Garin de Monglane erscheint. Characteristisch sind die einleitenden worte, mit denen Mallabron dort eingeführt wird; sie zeigen, dass zuerst der dichter des Gaufrey Robastre einen vater, Mallabron, gab, cf. Gaufrey, ed. Guessard v. 5338:

> *Segnors, oï avés pour voir, en la canchon,*
> *Que Robastre le fier estoit fis d'un luiton;*
> *Il dist voir qui le dit: il fu fis Malabron,*
> *Che est .j. esperit qui Dex donna tel don,*
> *Quant il veut est cheval, quant il veut est mouton,*
> *Oisel, ou pomme ou poire, ou arbre ou poisson.*
> *De chen li donna Dex, nostre Sire, le don*
> *Que il se mueroit en chascune fachon,*
> *Et, quant il li pleroit, il seroit comme .j. hom ...*

Während nun die fassung LPR der chanson Garin de Monglane einfach berichtet: L 15c 41, P 42c 1, R 41a 26: *A .V. lieues de ci a tant le puis esmer* (R: *bien le puits aesmer*). *Ot il vne fantosme luiton l'oi nommer* (P fehlt *vne*, R: *Vint vne grant fontainne luton l'oi nommer*), erzählt N 132r 8 ff.: *Vne foix fu* (sc. li luiton) *poison et fu en autre tempz Brebis vacque ou pourcheaulx ou .j. cheval amblans L'aultre foix estoit homs telz estoit ses semblans* ... Diese schilderung in N stimmt so augenfällig mit der oben aus dem Gaufrey angeführten überein, dass man wohl directe entlehnung der einen aus der anderen annehmen muss.

Andererseits hat schon Guessard in seiner ausgabe des Gaufrey, s. X, darauf hingewiesen, dass der Mallabron des Gaufrey eine geschickte nachbildung des freundes Huons de Bordeaux ist. (cf. Huon de Bordeaux, ed. Guessard et Grandmaison v. 5318 ff., 7024 ff. etc.) Doch tritt im Huon de Bordeaux Mallabron ausdrücklich als ein diener Auberons auf, im Gaufrey nicht. Der dichter des Gaufrey scheint mir mit absicht diese änderung vorgenommen zu haben, wie die bemerkungen v. 5341: *Che est j. esperit que Dex donna tel don* u. v. 5344: *De chen li donna Dex, nostre Sire, le don.*

Dagegen erscheint in der fassung N des Garin de Monglane Mallabron wieder als ein diener Auberons (N 171^v 1). Er wird von ihm ausgeschickt, wie dort Hugo, so hier Robastre zu hülfe zu kommen. So vermittelt denn der Mallabron der fassung N zwischen den beiden im Gaufrey und im Huon de Bordeaux auftretenden. Der dichter des Gaufrey hat aus N entnommen: Mallabron ist der vater Robastre's, er hilft ihm stets aus der not und — was ebenfalls im Huon de Bordeaux noch nicht vorhanden war — er übergiebt seinem sohne einen unsichtbar machenden mantel;[1]) unterdrückt hat er aber die person Auberons, welche N aus dem Huon de Bordeaux entnahm.

Mit der einführung Mallabrons war dem dichter die möglichkeit, seine chanson mit den unwahrscheinlichsten combinationen und verwickelungen zu füllen, gegeben. Er unterlässt es denn auch nicht, seine personen in die schwierigsten notlagen zu führen, aus denen ein entkommen kaum möglich ist: stets erscheint noch im letzten augenblick der retter aus der not, sei es Robastre oder Mallabron oder Perdigon, und die schwierigkeit ist gelöst.

So mag denn zwar häufig der fassung LPR eine gute motivierung mangeln, immerhin lässt sich aus ihr eher noch der eindruck einer chanson de geste gewinnen als aus N. Das abenteuerliche, romanhafte überwuchert hier das epische der früheren dichtung, die gekünstelte einführung der alten reckengeschlechter der Burgunder, Lothringer etc. kann diesen eindruck kaum verwischen. Unser dichter selbst betont, dass er seinen helden auf abenteuer ausziehen lassen will: N 109^r 26: *En auenture yray demain la matinée...* und 119^v 1 sagt Garin ebenfalls: *Vns homs suis d'aventure d'estrange tennement...* Auch hierin erinnert er an Huon de Bordeaux, wo es 4593 ff. heisst: *Car por çou vin ge de France le rené, Por aventures et enquerre et trover. Une m'en dites que je veul esprover.*

---

[1]) Cf. zu Gaufrey, ed. Guessard v. 8253: *Du pant de son mantel l'a* (sc. Robastre) *tantost afublé, Puis ne l'ont li jaiant véu ne avisé; Ne soivent où il est ne quel part est alé...* N 171^v 1: *De faerye te viens vne cappe porter C'est la cappe inuisible qui tant fait a loer A Aub[e]ron le vauch par grant amour rouver Et il le me bailla point ne le vault veer...*

Fassen wir nunmehr die ergebnisse unsrer bisherigen kritik zusammen. Die fassung N zeigt ein wesentlich jüngeres gepräge als LPR, sie wies im ganzen denselben inhalt auf; die stellen, in denen N von LPR abwich, ergaben sich als bewusste änderungen seitens des dichters von N. Für die fassung LPR müssen wir bedeutender compositionsmängel wegen (cf. II, 4) eine ältere vorlage annehmen, aus der auch der dichter von N geschöpft hat. Wir kommen somit zu dem schlusse: **Die fassung N des Garin de Monglane geht mit der durch die hss. LPR(T) repräsentierten fassung auf eine gemeinsame vorlage zurück, steht dieser aber bedeutend freier und selbständiger gegenüber als LPR(T).**

Oder wäre es vielleicht möglich, in einer der hss. L P R, vielleicht in P oder R die directe vorlage für N zu vermuten? Der dichter selbst sagt von seinem stoffe (N 1r 28): *Aucuns en ont chanté et s'en sont aasty...*, was darauf hinweisen würde, dass ihm mehrere fassungen der älteren chanson bekannt gewesen seien; doch darf natürlich dieser äusserung irgend welcher beweisende wert nicht beigelegt werden.

Oben, im abschnitt III, habe ich auf einige übereinstimmungen zwischen N und dem Durmart aufmerksam gemacht, welche sich in LPR nicht nachweisen lassen. Bei dem grossen einflusse, den dieser letztere roman auf die chanson Garin de Monglane ausgeübt hat, dürfen wir diese anklänge, trotz ihrer geringen anzahl, nicht für zufällig halten. Anderseits haben wir keine veranlassung, für den dichter der fassung N eine selbständige, directe benutzung des so wenig verbreiteten[1]) Durmart anzunehmen, denn die übrigen motive, welche N gemeinsam mit LPR aus dem Durmart entlehnt hat, hat N nur sehr abgeblasst überliefert. Wir sind somit zu der annahme genötigt, dass die beiden fassungen LPR(T) und N auf eine gemeinsame vorlage zurückgehen, die in noch umfangreicherem masse sich die composition des Durmart zum muster genommen hatte. Ohne sich dieser entlehnung bewusst zu sein, haben unsre beiden fassungen selbständig motive gestrichen oder abblassen lassen. Am weitesten ist hierin die fassung N vorgegangen, in welcher wir vergebens wörtliche anklänge an den Durmart suchen.

---

[1]) Hat sich doch bis jetzt nur eine einzige namentliche anspielung auf Durmart in der gesammten franz. litt. gefunden. Vgl. Escanor, ed. Michelant, s. XXVI.

Nicht ausgeschlossen wird durch diese annahme die möglichkeit, dass N ausserdem noch eine der hss. L P R(T) gekannt und benutzt habe. Die interessante beobachtung, die wir oben (II, 4) machten, dass nämlich N mit R eine scene (gegen LP) streicht, lässt es sogar sehr wahrscheinlich werden.

Bevor wir indessen auf diese frage näher eingehen, wollen wir eine gruppierung der hss. LPR(T) unter sich zu machen versuchen. (Auf grund von etwa 200 versen dieser 4 hss. hat schon Prof. Stengel in Gröber's zs. VI, 404 ff. den stammbaum aufgestellt. Ich werde hier, da mir mehr handschriftliches material zu gebote steht, von weiteren gesichtspunkten ausgehen können.)

Dass zunächst die handschriften P und R auf eine gemeinsame vorlage zurückgehen müssen, beweisen nicht nur recht häufige gemeinsame lesarten, die von denen der andern hss. abweichen (cf. z. b. die varianten in Stengel's abdruck, zs. VI), sondern auch zahlreiche inhaltliche übereinstimmungen, auf welche bereits im abschnitte II aufmerksam gemacht wurde, cf. z. b. II, 18, 19, 20 ff. Einerseits nun kann P nicht die vorlage von R sein, wie schlechte schreibweisen: 3a 11 (31c 8) ..., ausgelassene verse 56d 2, 78b 20, 108d 25 und zusätze beweisen, denen die lesarten von R und L gemeinsam gegenüber stehen. So fehlt weiterhin in LR die bemerkung (P 7a 19), dass die bewohner von Monglane jetzt Albigenser seien, auf welche P. Paris und L. Gautier so grosses gewicht legen.[1]) Andererseits kann P nicht aus R geflossen sein, da R die engelserscheinung, welche P mit L gemeinsam hat und daher nicht selbständig hinzugedichtet haben kann, nicht aufweist. Wir sind somit zu der annahme genötigt, dass die hss. P und R auf eine gemeinsame vorlage zurückgehen.

Die hs. L, welche im anfang mehr mit P als mit R zusammengeht [cf. die engelserscheinung (II, 4)], später (II, 18, 19 ff.) von beiden hss. PR bedeutsamer abweicht, weist in metrischer hinsicht ein älteres gepräge auf als PR.[2]) Wir

---

[1]) Stoeriko, a. a. o., s. 40, zweifelt die beweiskraft dieser notiz an, aber ohne darauf hinzuweisen, dass sie sich überhaupt nur in der einen hs. P findet!

[2]) Ohne näher darauf einzugehen, will ich hier auf eine beobachtung aufmerksam machen, die man bei einer näheren vergleichung der beiden in L und P vorliegenden texte machen muss. P(R) bieten die bei weitem längere fassung; sie bringen, besonders im anfang, eine grosse zahl leicht entbehrlicher zusatzverse. Etwa L 26f = P 80 wird dieses verhältnis indessen das umgekehrte. L giebt häufiger eine ausführlichere darstellung

werden dadurch zu der annahme geführt, dass die chanson Garin de Monglane ursprünglich in assonanzen abgefasst war, und dass L, trotz inhaltlicher änderungen, das bild dieser assonanzfassung am treuesten bewahrt hat, während P und R sichtlich bestrebt sind, wenigstens den augenreim herzustellen. Einige beispiele mögen genügen, um dies darzuthun:

α. In der engelscene folgt L 1d 3 ff. eine -*iéz*-tirade, in welcher 1d 5, 1d 7, 1d 12 etc. die reimworte: *noncier* (inf.), *daintiez* (schlecht für *daintié*, sg. obl.), *clergier* (subst. pl. n. m.) stehen, ferner hat L in dieser tirade eine reihe von *ié*-reimen: *mengié* (1d 16), *proisié* (1d 11), *seignié* (1d 21), die syntactisch allein berechtigt sind. Während R diese scene überhaupt nicht bringt (cf. II, 4), sucht P 1c 12 eine reine -*ié*-tirade durchzuführen, die aber, ebenso wie in L mit dem richtigen *proisiés* beginnt. Im folgenden verse hat P: *fief* (sg. obl.), L: *fiez* (pl. obl.), schon der nächstfolgende vers: P *si con i'ai enquidié* (L hat viel natürlicher: *si con m'orrez noncier*) beweist, dass P ändernd vorgegangen ist. Dasselbe zeigt sich auch P 1c 22, 23 etc., wo P, ohne die construction zu ändern, die in L stehenden reime auf -*iés*, welche syntactisch allein berechtigt sind, in -*ié* umändert. Nach s. 50 stehen die beiden hss. L und P nicht in engerer beziehung zu einander, es müssen also die oben angeführten assonanz-reime resp. assonanzen in der allen hss. der fassung LPR(T) gemeinsamen vorlage vorhanden gewesen sein.

β. 2e 42 hat L in einer -*is*-tir.: *safirs* (pl. obl.), P 5a 12: *safirs*, R 349, 22: *safis*.

γ. L 2e 45 in derselben tir.: *gentilz* (sg. n.), P 5a 15, R 349, 25 haben: *Denis* (n. propr.); ebenso L 7d 5 (-*is*-tir.): *gentilz* = P 19b 14: *hardis*. Doch hat auch P 33b 20, ebenso wie L 12f 20 *gentis* in einer -*is*-tirade!

δ. L hat 3e 35 in einer -*ace*-tirade: *Lors li fist amener abrieué qu' il chevauche N'ot si bon ne si bel jusqu' au port de galafe*, P 7d 15, R 359, geben den reim: *chevauche* auf und setzen für *galafe: cartage* ein. Die assonanz wird gehoben, aber auch so lässt der reim zu wünschen übrig.

ε. 7d 9 hat L in einer -*is*-tirade: *Encor y a des autres des .IIII. Garin filz...* P setzt dafür 19b 20 (R ist mir nicht zugänglich): *Encore .... des .IIII. fiex Garin!* Die von

---

und flickt viele verse überflüssig ein: cf. L 27e 29, 27f 46, 30b 31, 33a 10; 29a 39 (sentenz) u. s. w. Die änderung des verfahrens wird wohl auf seiten von L anzunehmen sein.

L angewandte construction ist sehr ungewöhnlich. Die vorlage enthielt vermutlich die lesart von P. L änderte die construction und setzte *filz* in den reim, das in L nach γ. wohl mit *-is* reimen kann. P fand keinen ausweg und zog vor, bei der lesart der vorlage stehen zu bleiben.

ζ. L hat 5b 22 in einer *-ié*-tir.: *Le branc est descendu a plain pié de l'estrier;* P 12a 14 setzt: *Le branc li passe pres a plain pauc pres du pié..!*

η. L 11d 50, 15d 40, 15f 5, 16b 8, 16c 16, 17a 16 ff. hat verstösse gegen den reim, doch können PR nicht zum vergleiche herangezogen werden, da sie auch inhaltlich hier abweichen.

ϑ. L 18a 23 hat in einer *-ier*-tir. *N'aura garde du duc par le cors saint michiel;* P hat *ligier*.

ι. L hat 22e 9 in einer *-éz*-tirade:
Ensemble ot auec lui du miex de son barné
(14) *Onques mes ne li ui a ior de mon aé*
Car il n'i estoit mie sachiez de verité
Ainz que Garin uenist en icestui regné
(18) *Mais par la foy que doy a dame dieu porter*
Je n'en partirai mes si l'aurai conquesté
(30) *Ot porchacié errant tout a sa volenté*
(45) *.j. vallet resembla quant fu bien acesmé*
P 66c setzt dafür ein:
Et ensanble lui ot del miex de son barnéz
.... si i sui moult passéz
.... quinze iors a passéz
(zu *regné* fehlt der entsprechende vers)
.... as oirs dont ie sui nés
Ne m'en partirai mais si serai bien planéz
.... en l'ost tot a sa volentéz
u. s. f.

ϰ. L 24 a 21 steht in einer *-ier*-tirade: *Tel pitié ai de lui par le cors saint michiel*, wofür P 70c 14 . . . *richier* hat.

λ. Gemeinsam verstossen L und P gegen den reim: L 12b 12 = P 74d 5: (*-é*-tir.): *Tout estourdi l'abat par delez .j. piler;* und L 19b 49 (*-é*-tir.: *soef*), 23d 45 (*-é*-tir.: *clef*), 24e 49 (*-i*-tir.: *vif*), 24e 50 (*-i*-tir.: *estrif*), 24e 51 (*-i*-tir.: *dauid*), wo P (53d 11, 69d 17, 73c 25, 26, 27) in äusserlicher weise in *soé, clés* (!), *vi, estri, daui* ändert.

Es tritt also in P deutlich die absicht zu tage, die unreinen reime, welche die vorlage bot, zu bessern. L, das im innern des verses viel correcter verfährt als P, zeigt diese neigung noch nicht in dieser ausdehnung. Dass P wirklich ändernd vorgeht, beweisen die oft recht gezwungenen lesarten, die es einführt, cf. *η, ϑ* u. s. w.

Indessen hat auch das umgekehrte statt: P hat einen ungenauen reim, L einen correcten. Diese, übrigens ziemlich seltenen fälle, laufen dann auf eine nachlässigkeit auf seiten von P hinaus, wenn R, das mit P auf eine gemeinsame vorlage zurückgeht, mit L zusammen das richtige bietet, so: P 5a 9 (-*is*-tir.): *Ains plus rice eskekier ie croi nus hom ne vit* ... L 2e 40, R 349, 19: .... *ne uit hons qui soit vis* (doch kann P hier auch absichtlich das reimwort *vis* vermieden haben); ferner P 6b 17 (-*é*): *Tant ot les bras grans et gros et quarré* L 3b 33, R 354, 7 ... *le bras gros et fors et quarré* ...

Gezwungen erscheint in L der correcte reim (= P 10a 18 in einer -*ér*-tirade: *Quant il orent mangié et il orent laué*) L 4d 20 ..... *si font lor mains lauér*. Als änderungen in L ergeben sich ferner 19b 33, 30a 27 ..., wo P 53c 19, 88c 29 wohl ein unrichtiger, aber natürlicherer wortlaut steht. P 44c 25 hat in einer -*ér*-tirade: *Ne deffendre de lui tant par est forsenéz*, (L fehlt) R 43b 27 ... *ne lancier ne rueir*.

Es ist besonders zu betonen, dass, während P im innern der verse bedeutend nachlässiger verfährt als L, es weit weniger incorrecte reime aufweist als diese hs. R ist in diesem bestreben noch weiter gegangen als P.

Wir kommen somit zu dem schlusse, dass die hs. L in sprachlicher beziehung der vorlage, welche in assonanzen geschrieben war oder aus einer solchen fassung abzuleiten ist, am nächsten steht, dass P und R die unreinen versausgänge gewaltsam geändert haben (*γ, ε, ι* ...).

Es erübrigt noch, auf die inhaltlichen abweichungen der hss. L (15d 31--18c 1) einer- und P 42d 23 ff. (= R 41c 20 ff.) andererseits, welche schon im abschnitt II zur genüge zu tage traten, zurückzukommen. (Leider konnte die lücke in P, hinter blatt 48, durch R nur teilweise beseitigt werden.) Der text L berichtet hier knapper als PR und auch knapper, als er selbst sonst zu thun pflegt; die tiraden machen sich durch ihre auffallende kürze schon äusserlich kenntlich. Auch inhaltlich treten hier in L eigentümlichkeiten in der darstellung zu tage, welche, wenn man sie nicht sofort als widersprüche auffassen will, mindestens als ungewöhnliche kürzungen zu betrachten sind: 1. Gauffroy belagert Garin, Berart etc. Nach

LR begiebt er sich nach Monglane zurück, es folgt der auftritt mit Mabillette. Seiner rückkehr zu seinem heere wird indessen nicht gedacht, 16f 40 heisst es einfach wieder: „*Li dus l'ot commandé* (sc. de tuer Mabillette) *qui ne l'aime noient Qui assaloit Berart le cheualier uaillant Moult fu grans li assaus que il uont demenant.*

2. L 17a 3 wird ein Berart d'Agynois erwähnt, welcher Garin abrät, einen ausfall zu machen. In P steht in demselben zusammenhange: B., es ist natürlich Berart de Valcomble gemeint. Ein Hugo d'Aginois findet sich nach P 46c 3 vielmehr im gefolge Gauffroy's.

3. Als gekürzt erweist sich auch L 18b 40: *A Mabillette pensse au gent cors honoré Qui cuer et cors li ot otroié et donnée (!) Ainsi souffri la nuit tant qu' il fu aiorné.* Ganz gestrichen ist R 44d 11 (P 46a 4) bis R 49a 17 (P hat hier eine lücke).

4. Gezwungen ist ebenfalls die umstellung der beiden tiraden L 17e 45 und 17f 15 (cf. R 56a 24 und 56b 16). L 17e 49 erscheint zu früh; zwischen v. 17f 22 und 23 besteht kein zusammenhang (cf. dagegen P 49a 27, R 55b 28), 17f 12 ist unvollständig, 17f 9—17f 19 sind in 2 verschiedenen tiraden je 2 verse inhaltlich gleich u. s. w. L 15d 38 und 39 sind 2 -é-tiraden durch einen 6-silbigen halbvers getrennt, was sich in L sonst nicht beobachten lässt, 16b 1 und 2 sind eine -ér- und eine -é-tirade zusammengeschrieben (dies wiederholt sich L 40a 16: -é- und -éz-tir.) Schlechte reime finden sich hier in L: 15d 40, 15f 5, 16b 8, 16c 16, 17, 18, 17a 16, 17f g ... Es ist also anzunehmen, dass an dieser stelle L, so nahe es auch sonst der vorlage stehen mag, inhaltlich geändert hat.

(Was schliesslich noch das fragment T betrifft (cf. Stengel's abdruck in Gröber's zs. VI), so zeigt es eine engere anlehnung sowohl an P wie an L, kaum solche an R. Eine besondere vorliebe scheint T für den 6-silbigen abschlussvers zu haben, cf. T v. 105 und 217.)

Fassen wir die für die gegenseitigen beziehungen der hss. LPR(T) gewonnenen resultate zusammen: P und R gehen auf eine gemeinsame fassung zurück. Diese hat mit L eine gemeinsame vorlage. Im allgemeinen steht L dieser verlorenen fassung am nächsten, 15d 31 ff. ist es indessen inhaltlich ändernd vorgegangen. (T stellt sich zwischen L und P.) Wir erhalten somit folgendes schema:

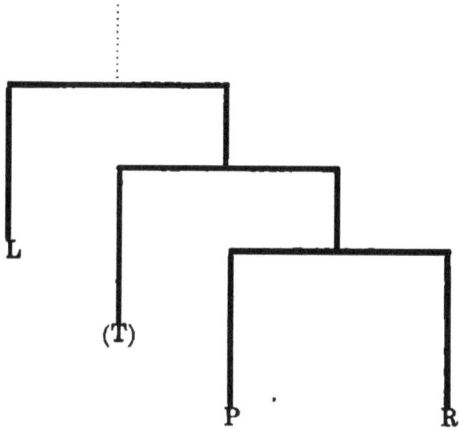

Wir sind also auf anderem wege wieder zu dem von herrn Prof. Stengel schon in Gröber's zs. VI aufgestellten stammbaum gelangt. Wenig wird man an diesem schema zu ändern haben, wenn man annimmt, dass R nicht direct mit P auf eine gemeinsame vorlage zurückgeht. Diese letztere ansicht scheint sich in der that zu empfehlen; wir kommen hiermit wieder zu unsrer fassung N zurück.

1. Zunächst sahen wir, dass das bruchstück T sich näher zu P als zu R stellt; indessen ist dieser umstand von wenig bedeutung, er vermag nur etwaige beweise zu stützen.

2. Nach dem oben aufgestellten schema kann die erscheinung des engels, die in R und N fehlt, unmöglich von L und P, welche nicht direct auf dieselbe vorlage zurückgehen, unabhängig von einander hinzugedichtet sein. Sie muss auch in der vorlage von R, wahrscheinlich nur abgeblasst, vorhanden gewesen sein, so dass R überhaupt verzichtete, diese scene beizubehalten. Auch N hat die engelerscheinung nicht. Oben, s. 49, wies ich nach, dass N mit LPR(T) auf eine gemeinsame fassung zurückgeht; in dieser war die engelerscheinung, wenn auch mangelhaft durchgeführt, enthalten. Man kann also dieses gleiche verfahren von N und R kaum erklären, wenn man nicht ein abhängigkeitsverhältnis zwischen beiden hss. annehmen will.

3. Oben, s. 24, habe ich auf ein weiteres zusammengehen zwischen R und N aufmerksam gemacht: in beiden hss. bietet bei dem entscheidenden spiele Garin dem kaiser schach etc., dieser zug findet sich weder in L noch in P.

Leider liegt mir R so unvollständig vor, dass ich hier nur noch auf die allerdings bedeutsamen übereinstimmungen zwischen N und P(R) hinweisen kann (II, 18, 19, 20 . . .).

Wollen wir also das verhältnis der fassung N zu den einzelnen hss. der gruppe LPR(T) auf diese wenigen merkmale hin genauer feststellen, so gelangen wir zu dem folgenden schema:

Original.

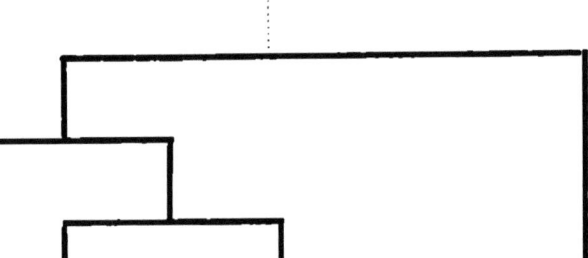

Die oben (s. 49) angeführte bemerkung des dichters von N würde sich also bewahrheiten; es wäre N eine mischhandschrift, denn wegen weiterer übereinstimmung von N mit Durmart mussten wir eine gemeinsame vorlage für LPR(T) und N annehmen, und das nähere zusammengehen von R und N zwingt uns, auch hier ein abhängigkeitsverhältnis zu vermuten.

Die fassung N des Garin de Monglane erweist sich also als eine geschickte umarbeitung der vorlage von LPR(T). Teilweise hat der dichter selbständig geändert, teilweise hat er sich an bekannte stoffe (Huon de Bordeaux, Karl Mainet etc.) angelehnt.

V. Das Verhältnis der Enfances Garin de Monglane zu der eigentlichen Chanson. (N 1—94ᵛ : 94ᵛ—259ᵛ.)

Wie in der einleitung bereits bemerkt wurde, sind in N der eigentlichen chanson die Enfances Garin de Monglane vorgesetzt (N 1 -- 94ᵛ) und äusserlich mit ihr zu einem einheitlichen ganzen verbunden. Die geschichte des französischen epos lehrt, dass man in der regel erst dann von der kindheit, von den eltern etc. des helden zu singen begann, wenn er selbst durch eigene thaten im kräftigen mannesalter hinlänglich bekannt und berühmt geworden war. Auch für unsre chanson lässt sich diese thatsache nachweisen. Der dichter selbst betont, dass schon einige vor ihm von Garin de Monglane gesungen haben, dass sie aber über seine abkunft nichts zu berichten vermochten: N 1ʳ 28:
>*Aucuns en ont chanté et s'en sont aasty*
>*Mais au commenchement il y ont moult failly*
>*Nul ne sceuent nommer celle dont il yssy* ...

(In der that nennen LPR(T) nur Garin's vater mit namen: Aymer d'Aquitaine, cf. oben s. 16.) In N heisst er Savary, in den späteren prosafassungen (Girart d'Euphrate, Tressan etc.): Florimond. Wie die einleitung, so hebt sich auch der schluss der Enfances von dem ganzen deutlich ab. Garin hat seinen vater aus der gefangenschaft befreit, er hat Aquitanien dem thronräuber Driamadan wieder entrissen, der conflict ist gelöst, die situation ist ungefähr dieselbe wie zu beginn der Enfances und passt ganz vortrefflich, um die bereits bekannte eigentliche Chanson Garin de Monglane anzufügen. Ganz im widerspruch mit seiner sonstigen weitschweifigkeit entledigt sich der dichter hier in ein paar worten aller personen, die ihm unbequem werden (N 94ᵛ). Savary, Ostrisse und Yvoire sterben kurz nach einander, Flore begiebt sich auf kurze zeit nach Pavia. Der dichter befindet sich, so schlecht es auch gehen mag, im einklang mit seiner vorlage; er beeilt sich, ebenso wie die fassung LPR(T), das motiv einzuführen, das den anstoss zu den folgenden entwicklungen der chanson Garin de Monglane giebt: Garin will kein land beherrschen, das er nicht sich selbst und seiner persönlichen tapferkeit zu verdanken hat: N 94ᵛ 31: *Ains m'en yray en Franche le roy Charle seruir.*

Der name Karl wird hier, abgesehen von einer vorgreifenden erwähnung in der einleitung, zum ersten male genannt! Während also in N in der eigentlichen chanson das königtum dieselbe rolle spielt wie in LPR(T), wird seiner in den Enfances, wohl mit absicht, nirgends erwähnung gethan. In N 1v 4 betont der dichter zwar, dass Sauary sich mit Floure zu derselben Zeit vermählte wie Pipin mit Bertha, doch ist diese angabe bloss mittel zum zweck. „Bertha," so fährt er fort, „ist Euch bereits als die grosse dulderin bekannt, ich werde Euch aber eine frau schildern, die noch weit mehr erniedrigung erfahren musste." [1])

Auch das thatenreiche leben, auf das Garin am ende der Enfances bereits zurückblicken kann, besonders seine liebesabenteuer mit Fleurette,[2]) Germaine und Yvoire, müssen uns mit misstrauen gegen die ursprüngliche zusammengehörigkeit der Enfances mit der Chanson (in N) erfüllen. Karl d. gr., der etwa gleichen alters ist wie Garin,[3]) hat, als Garin an seinen hof kommt, bereits die herrschaft inne (vielleicht schon lange, denn Pipin's tod wird nirgends erwähnt), er ist bereits verheiratet, während es noch langer kämpfe bedarf, bis der stets jugendliche und kampftüchtige Garin Mabillette heimführt.

So kann es denn keinem zweifel unterliegen, dass die Enfances der eigentlichen chanson vorgeschoben sind, und dass der dichter versuchte, diese beiden teile zu einem einheitlichen ganzen zu verschmelzen.

Es fragt sich, ob wir dem dichter, welcher die fassung LPR(T) zu der in N vorliegenden fassung umgestaltete (cf. s. 49), auch die abfassung der Enfances zuzuschreiben haben. Eine syntactische untersuchung dieser beiden teile würde am besten diese frage entscheiden; indessen geht eine solche

---

[1]) N 1v 4: *Quant ce duc prinst sa femme qu' il ama e chiery Le roy Pepin de France se maria aussy De Berthe se moullier que le serve en äy Mais oncques la röynne tant de mal ne senty Comme fist celle Floure (dont) [de qui] Garins yssy* ... (cf. 1r 27: *de qui Garins yssy*.)

[2]) 28r 13 sagt der dichter: Garin konnte Fleurette nicht heiraten, weil ihm gott bereits eine andere jungfrau zur gemahlin bestimmt hatte, ein weiterer beweis für die priorität der chanson! *Mais dieux ne le vault mie a qui le monde appent Car pourveu lui auoit moullier a son tallent Et dont les hoirs en furent de si grant hardement Que la loy sarrasine en prinst abbusement Et celle en qui Garin en prinst engenrement Ot a nom Mabillette.*

[3]) Dass Karl d. gr., Garin und Doon de Mayence an demselben tage geboren wurden, wie sonst gern betont wird (cf. z. b. Doon v. 5372 ff.), wird in N nicht gesagt.

über den rahmen meiner arbeit hinaus; ich beschränke mich darauf, einige übereinstimmungen zum beweise anzuführen.

Zugleich sei hier bemerkt, dass die dialectischen und metrischen eigentümlichkeiten, von denen später die rede sein wird (cf. s. 73 ff.), sich sowohl in den Enfances wie in der eigentlichen chanson gleichmässig nachweisen lassen. Gegen die annahme, dass die Enfances und die Chanson der fassung N von demselben dichter herrühren, wird sich also kaum ein beweis erbringen lassen. Dagegen sprechen recht viele zeugnisse für diese annahme. Von wenig oder gar keiner beweiskraft ist allerdings das zurückgreifen der Chanson auf episoden, welche in den Enfances ausführlich geschildert worden sind. So heisst es 110a v. 13, 18, dass Garin die unbekannte schöne bereits mehr liebe als früher Flourette. 99ᵛ 19 kommt der dichter auf Garin's kampf mit Narquilus zurück: *Se dieux sauue Alixandre qui si bien est temprée Dont j'ochis Narchillus en Cezille le lée . . .*, 162ʳ 4 ist von Savary und seinen söhnen die rede u. s. w.

Gelegentlich werden auch episoden, die in den Enfances eingeleitet worden waren, in der chanson weitergeführt. Enfances 18ᵛ 29 wird berichtet, dass Garnier von Dijon mit seinem verwandten Savary von Aquitanien nach Pavia in die gefangenschaft geführt wird, 98ʳ 3 erfahren wir, dass er für „*maint florin*" wieder frei gelassen wurde. 162ᵛ fragt Perdigon im auftrage Gauffroy's den teufel, wie der herzog sich Garin's und seiner bundesgenossen entledigen könne. Der teufel muss zu seinem bedauern gestehen, dass dies wohl überhaupt ausgeschlossen sei, da Garin von der vorsehung zum todfeinde der heiden auserkoren sei. Diese prophezeiung findet sich bereits in den Enfances Garin: Morgue, die schwester des königs Artus, verkündigt dies dem eben geborenen Garin als lebensaufgabe: N 9ᵛ 25:

Car prouenant de toy vne geste venra
Dont la loy Ihesucrist assauchie serroit (!)
Et le loy de Mahom en declinera (!)
Le plus doubteulx linaiges de ton corps ystera . . .

In der Chanson 211ʳ wird Mabillette von Mauion beschuldigt, ihren bruder Guion vergiftet zu haben. Dieses motiv ist neu in N aufgenommen, in LPR(T) kommt ein Mauion überhaupt nicht vor. Dieses selbe motiv findet sich bereits in den Enfances: der dieb klagt Floure an, sie habe ihn zu überreden versucht, den herzog durch gift aus dem wege zu räumen. Auch die sprachliche ausführung dieser stelle ist bemerkenswert: cf. N 4ʳ 2: *Car a moy marchanda a son argent payant D'enherber le bon duc je l'euch en couuenant Dont j'ay le cuer de mi courrouchié et doulant* ... und N 211ʳ 4: *C'a moy vault marchander por son mauuais auis D'enherber le bon duc qui de cy s'est partis Je n'en vaulch riens faire se luy fis estoudis* ...

Auf die frühere einführung Perdigon's in der fassung N ist s. 36 aufmerksam gemacht worden. Schon die ganze einleitung dieses abschnittes zeigte, dass N ändernd vorgegangen war. Eine ähnliche einleitung findet sich auch in den Enfances, cf. 28ᵛ 1: *Seigneurs oyez ystoire de grande seignourïe C'est d'armes et d'amours et de cheuallerïe Du riche duc Garin oyez toutte la vïe* und 162ʳ 5: *Or commenche canchon de quoy les vers sont gent Et le matere vray (!) et de bel sentement C'est d'armes*¹) *et d'amours tout au commenchement Et de petit aussy trayson y dessent Ains n'oyste[s] ystoire faite sy noblement* ... Man vergleiche ferner N 63ʳ 21: „*Que amis pour amis veille*" mit 102ʳ 12: „*Amis pour amis veille*" etc.

Durch eine reihe von belegen liessen sich die beispiele der übereinstimmung zwischen den Enfances und der Chanson noch vermehren. Zu betonen ist, dass sie sich immer nur da finden, wo die chanson in N von der fassung LPR(T) abweicht. Wir sind somit zu dem schlusse berechtigt, dass der text der hs. N von einem dichter herrührt. **Die Enfances Garin de Monglane sind also der eigentlichen chanson in N vorgeschoben, sie sind demselben dichter zuzuschreiben, welcher auch die chanson der fassung LPR(T) in die fassung N umdichtete.**

VI. Quellen der Enfances Garin de Monglane.

Die Enfances Garin de Monglane sind bisher nur in der einen hs. N (fo. 1—94ᵛ) nachgewiesen worden. Kaum auch

---

¹) Cf. hierzu noch 40ᵛ 8, 27; 41ᵛ 2. Auffällig klingt an diesen und den entsprechenden früheren vers der erste von Ariosts Orlando an: *Di donne e cavallier li antiqui amori* ... Ähnlich beginnt auch die Chanson Clarisse et Florent (ed. Schweigel: Esclarmonde, Clarisse et Florent, Yde et Olive. Drei fortsetzungen der Chanson von Huon de Bordeaux): *Hui mais commence gloriouse canchon D'amors et dames de pités et de plors*. Analog. v. 4251, 5770 hätte der herausgeber auch hier für *dames*: da[r]mes (= *d'armes*) einsetzen sollen. *Dames* ist sowohl dem sinne nach wie syntactisch unmöglich.

lassen sie sich von der eigentlichen Chanson loslösen, sie sind als selbständige, abgeschlossene dichtung unmöglich. Bei der begabung, welche man nach abschnitt IV dem dichter von N nicht absprechen kann, liegt die vermutung nahe, dass er die Enfances, ohne eine vorlage zu benutzen, gedichtet habe; dass sie ausschliesslich sein eigenes werk seien. Sieht man indessen genauer zu, so ergeben sich die Enfances als eine compilation verschiedener bekannter und beliebter sagenstoffe. Zunächst seien die hauptmomente der Enfances kurz hervorgehoben. Cf. Gautier, Ép. IV, 106 ff.

Um dieselbe zeit wie Pipin mit Bertha, vermählt sich Savary, herzog von Aquitanien, mit Floure, der tochter des königs Thierry von Pavia. Ihre söhne sind Gerin und Authiaume (1v 23). Einer zauberin Ostrisse gelingt es, durch einen zaubertrank des herzogs neigung von seiner gemahlin abzuwenden und ihn mit liebe zu ihrer eignen tochter Yderne zu erfüllen. Floure wird des mordanschlags gegen ihren gemahl bezichtigt und, da sie schwanger ist, des landes verwiesen. In einer bauernhütte giebt sie Garin, dem helden der Chanson, das leben (9v 7). Ihr auf's tiefste gekränkter vater Thierry nimmt rache; er fällt in Aquitanien ein, Savary wird nach Pavia in die gefangenschaft geführt (23r 20). Sein seneschall Gaudin masst sich die regierung an. Nichtswürdige behandlung bewegt die zurückgelassenen prinzen, den thronräuber zu erschlagen und aus dem lande zu fliehen.[1]

Garin wächst heran. Eine jungfrau, Fleurette, gewinnt ihn lieb. Gerin und Authiaume kommen unerkannt zu ihrer mutter. In einem turniere trägt der junge Garin den sieg davon, der aufenthalt in der stadt wird ihm indessen bald verleidet. Die 3 prinzen, welche noch nicht wissen, dass sie brüder sind, ziehen aus, ihren vater in Pavia zu befreien. Sie gelangen nach Sizilien, dessen beherrscher Aymer in Reggio von dem heiden Narquillus d'Alexandre[2] belagert wird (46r 18). Dieser, ein onkel des Fierabras, hatte mehrmals um die hand der schwester des königs, Germaine, angehalten. Die 3 brüder bieten dem könige ihre dienste an. In dem gleich folgenden zusammentreffen mit den Sarazenen wird der könig Aymer gefangen genommen, durch Garin indessen wieder befreit. Narquillus fordert die 4 tapfersten von des königs rittern zum einzelkampf heraus, wird aber von Garin allein überwunden. Der könig bietet

---

[1] N 26v 2 ff.: *Seigneurs ceste matere ne vient point de devin Ains vient d'un[e] cronike (?) escript en parchemin C'est vne des trois gestes qui vient du royal ling La premiere des trois c'est du bon roy Peppin Et la seconde gieste si vient de Doelin De Garin de Monglenne le noble pallesin Vient la tierce des giestes.*
Seigneurs humais pourez oyr bonne chanchon De Garin de Monglenne qui tant ot [de] renom ...

[2] J. Determann, Epische verwandtschaftsnamen im altfranzoes. volksepos. Göttingen, diss. Burg 1887 s. 26, anm. 3 stellt das verwandtschaftsverhältnis von Aymer etc. falsch dar: „Anseaume (!), der bruder Garins, erhält zur gemahlin Germaine, die tochter des Narquillus d'Alixandre (oncle du célèbre Ferabras)." Er stützt sich auf Hist. litt. p. 439. Germaine wird zwar dort als „tochter", aber des königs von Sizilien, bezeichnet, während sie in wirklichkeit seine schwester ist (nur einmal nennt Aymer irrtümlicher weise Germaine: „*ma fille*": 56r 32!).

ihm die hand seiner schwester Germaine an, aber als „*poures hons*" muss Garin sie ausschlagen. Germaine wird die gemahlin Authiaumes; von ihnen stammen ab Yuon de Gascoigne und Clarisse, die gemahlin Regnault's von Montauban (N 63^v 8).

Die 3 brüder ziehen weiter nach Pavia. Thierry, ihr grossvater, sucht sie über das schicksal ihres (gefangenen) vaters zu hintergehen: „er ist tot," sagt er zu ihnen. Durch ihre tante Yuoire indessen, welche sich sofort in Garin verliebt, ohne zu wissen, dass er ihr neffe ist, erfahren sie bald den wahren sachverhalt. Durch list wird Savary befreit, man tritt den heimweg nach Aquitanien an. Dort hatte nach des seneschalls tode Driamadan von Tarent, ein grausamer herrscher, die regierung an sich gerissen (72^r 1). Sobald dieser von Savary's herannahen hört, bietet er seine leute auf, um die heranziehenden zu überfallen. Der anschlag gelingt, nur Garin entkommt. Er gelangt, von Arquillus d'Amperoche,[1] einem ritter Driamadans, verfolgt, zu seiner mutter Floure. Garin wird rechtzeitig von den nachstellungen benachrichtigt, Arquillus selbst fällt in seine hände, wird aber begnadigt. Garin erfährt jetzt durch seine mutter, dass er sich bisher in der gesellschaft seiner brüder befunden hat. Vergebens sucht er seine mutter zu bewegen, mit ihm nach Aquitanien zu ziehen, vergebens sucht ihn andererseits seine mutter von seinem plane abzubringen. In der „*cité*[2] *d'Aquitaine*" wird Garin gut aufgenommen (85^v 15). Die kunde von seiner ankunft verbreitet sich rasch, er wird als der rechtmässige herrscher willkommen geheissen. An einem gerichtstage, an dem verabredeter massen viel volk an den hof kommt, wird Driamadan von Garin erstochen. Savary, Gerin, Authiaume etc. werden aus der gefangenschaft befreit. Auch Floure kehrt zurück und versöhnt sich mit ihrem gemahle. Die zauberin Ostrisse wird verbrannt. Savary stirbt, Garin will das erbe nicht antreten, 94^v 31: „*Ains m'en yray en Franche le roy Charle seruir.*"

Der anfang der Enfances erinnert an die beliebten sagen von Sibille, Genovefa etc., besonders lebhaft aber an die „Berthe as grans pies" des Adenés li Rois. Die Ostrisse der Enfances lässt sich kaum anders denn als eine nachbildung der Margiste auffassen, ihre tochter Yderne spielt in den Enfances dieselbe rolle wie Aliste in der Berthe as grans pies. Und noch weniger wird man bedenken gegen diese über-

---

[1] Für Archillus d'Amproche (75^r 20; Amperoche 87^r 16; c. obl. Archillon 79^v 26, 89^v 23 [im reim]) tritt 78^r 11, 80^r 19 — ebenso wie vorher der name Narquillus d'Alexandre — die form Narchillus auf. Doch sind diese beiden fälle wohl kaum mit der G. Paris'schen ansicht, nach welcher unsre geste, jedenfalls die des Aimeri de Narbonne, provenzalischen ursprungs ist, in verbindung zu bringen. (cf. G. Paris, Hist. Poét. d. Charlemagne, p. 79.)

[2] Auch unser dichter versteht noch wie Albéric de Trois-Fontaines (Pertz, Mon. Germ. XXIII, 723) unter „*Aquitaine*" die hauptstadt von Aquitanien, cf. N 97^v 28: *Et fu le fieulx Garin* (sonst Garnier!) *qui recheut le dommaige Pardeuant Acquittaine*, N 15^v 1: *Vers Acquittaine va au plus droit qu'il pouoit Jusqu[es] a le cité le roy ne s'arrestoit* (Thierry, von dem die rede ist, befindet sich bereits im lande Aquitanien); cf. auch 85^v 11.

einstimmung erheben können, wenn man den dichter selbst auf die unglückliche Bertha hinweisen sieht; er verspricht, seine heldin durch noch tieferes leiden hindurchzuführen [1v 7].[1])

Sieht man indessen genauer zu, so bemerkt man, dass eine engere anlehnung an die „Berthe as grans pies" nicht weit über die einführung dieser beiden personen hinausgeht. Wohl ist möglich, dass sich der obige hinweis nicht auf die Berthe des Adenès li Rois, sondern auf eine frühere dichtung bezieht (welche G. Paris, Hist. Poét. de Charlemagne s. 68 annimmt), vielleicht auch hat der dichter der Enfances nur, um interesse für seine dichtung zu erwecken, den gut klingenden namen Bertha untergeschoben, während er thatsächlich den Macaire sich zum muster genommen hat. Wie im Macaire Blancheflour, so wird in den Enfances Floure fälschlich des ehebruchs angeklagt. Dort wie hier soll die unschuldige verbrannt werden. Floure ist wie Blancheflour schwanger, und nur dieser umstand rettet sie vor dem feuertode. Wie im Macaire der weise Naimes, so giebt hier ein verständiger ritter zu bedenken, dass der vater der angeschuldigten ein mächtiger herrscher sei, der jedenfalls schwere rache nehmen würde. Er macht den vorschlag, zuvor diesen von dem von seiner tochter begangenen verbrechen in kenntnis zu setzen, cf. zu Macaire, ed. Guessard (Anciens Poètes de la France, IX), v. 439 ff. und N 5v 1: *Dont dist vng cheuallier qui fu de sa meisnie Sire le dame vient de noble anchisoirerie (!) Elle est fille Thiery le bon roy de Pauye Ve cy que vous ferez et mes corpz vous en prie Je loe bonnement qu'elle soit renuoye A son pere tout droit qui a cher[e] hardye Et li soit vne lettre donnée et ottroye Du fait ainsy qu'il (?) fait et dont est rattraitïe Et soit au gré du roy selon son fait jugie Ainsy sera moult bien ceste chose vengie Et se ne serez ja retéz de villonnye* ...

In beiden fällen wird die arme des landes verwiesen, Blancheflour erhält zur begleitung einen ritter Aubri de Mondidier, Floure wird von Alexandre d'Obrïe begleitet. Dieser ritter wird in beiden gedichten überfallen und muss sein leben für die herrin lassen. Die hart bedrängte dame findet bei armen leuten freundliche aufnahme, sie kommt nieder, das kind erhält jedes mal den namen des wirtes: im Macaire: Primerain,[2]) in den Entances: Garin. — Dem zwerge, der im

---

[1]) *Mais oncques la roynne tant de mal ne senty Comme fist celle Floure (dont) [de qui] Garins yssy* ...

[2]) Dass im Macaire dieser name später in Louis geändert wird, kann kaum zu bedenken veranlassung geben. Höchst wahrscheinlich hat

Macaire den anschuldiger spielen muss, steht in den Enfances der dieb zur seite (N 3r 5). Beide müssen, damit sie nicht zu verrätern werden können, so früh als möglich ihre gutmütigkeit mit dem leben büssen u. s. w. Die übereinstimmung zwischen den Enfances und dem Macaire ist also eine recht frappante. (Dass im einzelnen die ausführlichkeit und auch teilweise die anordnung nicht dieselbe ist, wird man nach dem, was im abschnitt IV über die stellung des dichters von N zu der fassung LPR(T) gesagt wurde, begreiflich finden.)

Den Macaire als directe vorlage für die Enfances anzunehmen, veranlasst uns schliesslich der name Alixandre d'Obrïe, welcher offenbar den namen Aubri de Mondidier zum muster hat.[1]) Der name „Alexandre" ist auch sonst vom dichter in namenzusammensetzungen verwendet worden, cf. Narquillus d'Alexandre (46r 12). Auch das schwert des heiden heisst Allexandre (59v 9); dieser name kommt als schwertname sonst nicht vor.[2]) Auch die Blancheflour des Macaire hat vielleicht für die Floure den namen hergeben müssen.

Der anfang der Enfances Garin de Monglane erinnert also nur ganz oberflächlich an die Berthe as grans piés des Adenès li Rois, während thatsächlich Macaire[3]) als vorlage gedient hat.

46r 14 nennt der dichter von N den von ihm eingeführten riesen Narquillus d'Alixandre: „oncle Fierabras" und legt

---

der dichter der Enfances, um nicht später zu einer ähnlichen änderung genötigt zu sein, dem wirte von vorne herein den namen seines helden beigelegt. — Den namen Garin erhält bei der taufe, nach dem namen eines ritters der stadt, auch Garin, der sohn des Hervis de Metz, in der bearbeitung von Philipp de Vigneulle. cf. O. Böckel, Philipp de Vigneulle's bearbeitung des Hervis de Mes. Marburg, Diss. 1883.

[1]) Schon R. Köhler macht im Jahrbuch XII, s. 316 auf die übereinstimmung dieser namen aufmerksam: „von *Aubri*, dem ritter dieser (sc. Blancheflour), hat wahrscheinlich auch der ritter der herzogin seinen namen Alexandre *d'Obrïe* erhalten."

[2]) Cf. die zusammenstellungen bei Sternberg, Ausg. und Abh. 48, und Bach, Ausg. und Abh. 70.

[3]) Im Tristan de Nanteuil, in dem Macaire de Losane noch eine grosse rolle spielt, findet sich eine stelle, welche viel ähnlichkeit mit N 86r 8 ff. hat (es handelt sich um den thronräuber Driamadan): *Par sa grant maiseté a la terre honnye Il desrobe les gens et fait grant tirannye Et se prent .VII. deniers d'un huis sur le cauchïe D'une fenestre .IIII. et s'uns homs se marye De quant qu'il a vaillant en ceste mortel vie Driamadan en prent droittement la moittïe De .XX.s̃.VI.d̃ prend d'une marchandye...*, cf. hierzu Tristan de Nanteuil, fo. 17, abgedruckt von Guessard in Macaire, p. XVIII. Weitere übereinstimmungen zwischen N und Tristan d. N. finden sich kaum, vielleicht ist noch zu vergl. Ebert's jahrb. IX, s. 19.

so die vermutung nahe — besonders auch durch seine bemerkung: *Que* (sc. Fierabras) *le conte Olliuier vault jadis concquester* —, dass ihm bei der abfassung des folgenden kampfes zwischen Garin und Narquilus der berühmte zweikampf zwischen Olivier und Fierabras als vorbild gedient habe. Gewisse, nicht zufällige übereinstimmungen stützen diese annahme. Ähnlich ist in beiden scenen das auftreten des heiden dargestellt, cf. Fierabras, ed. Kroeber et Servois v. 573 ff. mit N 58ᵛ 15: *Adont se leua sus n'y ot que courrouchier C'e sambloit au leuer vng diable d'inffer Bien .XV. piés auoit et bien pres d'un quartier*... Olivier bittet, als belohnung für seine bisher dem kaiser geleisteten dienste um die erlaubnis, mit Fierabras kämpfen zu dürfen; ganz ebenso Garin: N 56ᵛ 14: *Syre se dist Garin mon don demanderay Car vous le me deuez et je m'en payeray Et pour ce vous demande vng don que auoir voray Ce n'est d'or ne d'argent car la volenté n'ay Mais faire [cy] le camp au gayant sans delay*...

Der anlehnungen an den Fierabras sind, wie man sieht, nicht viele. Indessen ist nach J. Bédier, Romania XVII, s. 32 ff., die kampfscene zwischen Olivier und Fierabras der älteren fassung des Fierabras, auf welche Ph. Mouskès hinweist, entlehnt, und möglicherweise würden die Enfances zu dieser fassung in noch näherer beziehung stehen.[1]

In der Chanson, N 97ʳ 5[2]) und 106ᵛ 12[3]) zeigt der dichter, dass er mit der jugendgeschichte Karls d. gr., mit seinem aufenthalte in Spanien etc. wohl vertraut ist. Auch die Enfances bieten einige scenen, die wohl in jener jugendgeschichte Karls ihre quelle haben. (Zum vergleiche kann

---

[1]) Im Fierabras selbst, v. 4485, wird an Garin de Monglane erinnert. Der verräter Alori wirft dem Renier de Gennes vor, dass sich sein vater in lumpen gehüllt habe. Auf die armut des greisen Garin wird in den schlussversen der fassung LPR (L 40f 31, P 118c 26, R 130a 16) hingewiesen; in N fehlt diese angabe. Man könnte zu der annahme versucht sein, die chanson Fierabras lasse sich zeitlich zwischen die fassungen LPR und N schieben. Indessen hat schon Gautier, Ép. IV s. 126, darauf aufmerksam gemacht, dass jene angabe in LPR recht gezwungen ist: sie sollte den übergang zum Girart de Viane vermitteln. Auch Bédier nimmt in Rom. XVII, s. 46 an, dass die andeutung im Fierabras auf Girart de Viane zurückgehe.

[2]) *Le fil au roy Peppin qui revint l'autre fye D'Espaigne ou il seruy Galaffre de Turquie Et sy ot Braymant qui moult ot seignourïe*...

[3]) (Vor dem schachspiel mit Garin sagt Karl. er werde, sollte er verlieren, nach Spanien zurückkehren): *S'iray dedens Espaigne royame concquester Sy scaray bien le voye et le chemin trouuer Car Gaifroy et Heudry m'y firent ja aller Le riche roy Gallaffre seruir et honnourer*...

ausser dem von G. Paris veröffentlichten bruchstück¹) nur die überarbeitung des Girart d'Amiens herangezogen werden.) Wie Karl Mainet sich in der gewalt seiner stiefbrüder Hainfroy und Heudri — auch diese treten in N (98ʳ) auf! — befindet (cf. Gautier, Ép. III² s. 43), so werden Garins brüder, Gerin und Authiaume, nachdem ihr vater in die gefangenschaft hat wandern müssen, durch den senneschall in der unwürdigsten weise geknechtet (N 23ᵛ 17 ff.). Wie Karl von David, so werden sie von ihrem lehrer Aliaumes an ihre hohe geburt erinnert. Sie nehmen rache und entgehen der bestrafung durch die flucht. Wie es gewöhnlich bei entlehnungen der fall ist, so sucht auch der dichter der Enfances Garin seine quelle, die jugendgeschichte Karls, an contrast noch zu überbieten. Den brüdern widerfährt weit tiefere schmach durch den senneschall, die rache ist demgemäss auch eine schärfere als im Mainet: Der senneschall muss seine ruchlosigkeit mit dem leben büssen.

Der eben unternommene kleine streifzug²) durch die beliebteste afr. epische litteratur zeigt deutlich, dass die Enfances Garin de Monglane den namen einer originaldichtung nicht verdienen, dass sie im grossen und ganzen eine compilation von bekannten epischen stoffen sind; vornehmlich hat der dichter aus Berthe as grans pies, Macaire, Fierabras, Karl Mainet etc. geschöpft. Die abfassung der Enfances ist daher nicht vor das 13. jahrhundert zu setzen.

VII. Abfassungszeit der Enfances Garin de Monglane.

Wie in der einleitung (s. 2) betont wurde, gehen die ansichten darüber, in welche zeit man die abfassung der

---

¹) G. Paris: Mainet, Fragments d'une chanson de geste du XIIᵉ Siècle (Romania IV, p. 305, 308).
²) Die vorstehende untersuchung will natürlich auf vollständigkeit keinen anspruch machen, cf. z. b. ferner Aiol: Ebenso wie dieser seine cousine nicht heiraten kann, so Garin nicht seine tante Yvoire (Aiol fo. 150 ff., N 79ʳ 14). An das erscheinen der 3 feen bei der geburt Garin's erinnert Galïen hs. Cheltenham 173, 9 ff.; cf. auch Stengel, anm. zu 194, 27 u. s. w.

Enfances Garin de Monglane zu setzen habe, bedeutend auseinander. Gautier, Ep. IV², p. 106, sagt: „Les Enfances ne sont pas, selon nous, antérieures au quinzième siècle. Tout contribue à le prouver: l'action, la langue, les moeurs et les usages qui y sont peints etc." Kritiklos nimmt Nyrop, Storia dell' Epopea Francese, s. 125, die Gautier'sche ansicht auf: „Il poema si ascrive al secolo decimoquinto." Schon 1871 scheint R. Köhler (Ebert's jahrbuch, XII. band s. 317) die richtigkeit dieser annahme zu bezweifeln. Neuerdings setzt G. Paris, La Littérature Française au Moyen-Age, Paris 1888, p. 71, ohne indessen seine ansicht zu begründen,[1]) die abfassung der Enfances in das ende des 13. jahrhunderts.

Gewiss ist Gautier zuzugestehen, dass unsere hs. N die orthographie und die sprache des 15. jahrhunderts aufweist, doch ist a priori nicht entschieden, ob wir in dem vorliegenden texte das original oder eine spätere umschrift vor uns haben. Auf die characteristica der handlung, die schilderung der sitten und gebräuche geht Gautier nicht ein, seine beweisführung ist also hinfällig.

Auch die beiden stellen, auf welche Gautier in seiner analyse der Enfances besonderes gewicht legt, wird er kaum ernstlich als stützen seiner ansicht gelten lassen wollen: 1. Die drei brüder Garin, Gerin und Authiaume kommen nach Pavia zu ihrem grossvater, um ihren in gefangenschaft gehaltenen vater Savary zu befreien. Thierry beteuert ihnen, er habe es an nichts fehlen lassen, der gefangene sei indessen gestorben (66v 5): „*Mais la mort qui tant prent et vesques et abbés Les grans et les petis nulz n'en est depportés Prist le duc vostre pere*..." Gautier knüpft an diese stelle die frage: „N'y a-t-il pas là une allusion à la Danse macabre, et cette allusion, ne peut-elle pas servir à dater plus exactement notre Chanson?" Abgesehen davon, dass Littré, Dict., die danse macabre in das XIV. und XV. jahrhundert verlegt, kann man in der stelle doch eine anspielung darauf nicht erkennen. Eine untersuchung, in welcher weise der tod im afr. epos personnificiert wird, liegt zwar noch nicht vor; doch ist klar, dass die characterisierung des nichts verschonenden todes zu allen zeiten eine mehr oder weniger gleiche gewesen ist.

2. betont Gautier, Ép. IV, s. 144, dass der dichter der Enfances ein bündnis zwischen Garnier von Burgund und

---

[1]) Die soeben erschienene neue auflage konnte ich leider nicht einsehen.

Richard von England einerseits, mit Savary von Aquitanien andererseits einführe. „Des Bourguignons et des Anglais! On voit bien que l'auteur écrivait au quinzième siècle en pleine guerre de Cent ans." Zunächst heisst der Engländer nicht Richard, sondern Raoul; er ist ein *„appartenant"* Savary's (N 15ʳ 12)! Ferner ist nicht England mit Burgund gegen Frankreich verbündet, sondern England und Burgund, die beide in einem gewissen abhängigkeitsverhältnis zu Aquitanien stehen, mit Aquitanien gegen den Lombarden! Solche bündnisse lassen sich nicht erst im 15. jahrh. nachweisen, cf. Philippe Mouskès II, v. 13480 ff. und 27733 ff. Nicht betonen will ich, dass auch beinahe der Lothringer Garin dem herzog Savary zu hülfe herangezogen wäre, dieser mag zufällig oder absichtlich von dem dichter aus dem spiele gelassen worden sein (N 12ʳ 25). Aber wägen wir schliesslich die beiden bundesgenossen, den Burgunder und den Engländer, gegen einander ab: Garnier de Dijon und sein geschlecht werden stets als edel und wacker geschildert (12ᵛ 3, 97ᵛ 26), treu hält er mit Savary aus; der herzog (nur einmal baron: 15ᵛ 26) Raoul d'Engleterre ruft, nachdem ihm im kampfe eine hand abgehauen ist, seinen kaplan herbei und fordert ihn zur flucht auf: N 17ᵛ 17: *„Amis rallons nous ent pour le corpz saint Germain Se en la cyté renterons nous morons ci de fain Car trop sont les Lombars [et] crueulx et vilain Mettons nous a le voye..."* Man weiss nicht, ob man den Engländer nicht lediglich als gegenstück zu Garnier von Burgund auffassen soll. Die von Gautier vorgebrachten gründe können also nicht überzeugen. Wie es überhaupt misslich ist, für das 15. jahrhundert noch die original-abfassung einer chanson de geste anzunehmen, so ist auch hier gegen die Gautier'sche ansicht einspruch zu erheben. In der that wird sich nachweisen lassen, dass die abfassung der redaction N in eine frühere zeit zu setzen ist.

Spätere denkmäler zunächst, die, auf die fassung N zurückgehend, ihre entstehungszeit enger zu begrenzen vermöchten, sind nur wenige vorhanden. Auf N 132ʳ wird die darstellung bei David Aubert, Conquestes de Charlemaine (Brüss. hs. 9066, CCCCXI) zurückgehen: *„L'Istoire racompte que a cinq lieues pres de la cité de Montglenne regnoit Jadis vng luton ou faulx esperit, ainsi que de semblables par comparoison l'en a assez de fois ouy lire et recorder lequel luiton estoit nommé Malabron et s'enamoura de la fille d'un homme..."* Vielleicht bietet diese stelle auch die quelle zu der ähnlichen im Hernaut de Beaulande der Bibliothèque des Romans (cf. Gautier, Ép. IV, 206).

Von interesse ist für uns hier lediglich das zeugnis des ms. de l'Arsenal 3351, dieser prosafassung des 15. jahrh., welche nach einem kurzen hinweis auf die 3 gesten uns die schicksale der nachkommen Garins de Monglane: Hernaut de Beaulande, Renier de Gennes u. s. w. erzählt. Diese compilation geht (mit der Cheltenhamer hs. 26092 und den gedruckten prosaromanen mit dem falschen titel: Guerin de Montglave), wie Pfeil[1]) und Hartmann[2]) nachgewiesen haben, auf eine poetische fassung des 13. -- 14. jahrhunderts zurück. Dass dem dichter dieser compilation die ältere fassung LPR(T) der chanson Garin de Monglane bekannt war, steht ausser zweifel. Ausser Garin und Mabillette sind Robastre und Perdigon von dort übernommen, auf Gaumadras wird angespielt (3351: 11r 13, 13v 2, 35r 28, 38r 16 . . ., ms. Cheltenham: 2, 17; 7, 41; 12, 15; 17, 20; 71, 36; 73, 25 . . .). Daneben muss aber die erwähnung eines Authyalme de Pauie, des bruders von Garin, auffallen: 3351: 6r 14, 28v 2... Die ältere fassung des Garin de Monglane überliefert (L 1c 16, P 1v 27, R 329, 24): *Et Anthiaumes de Blois ot a nom li mainsnéz.* L 40d 47, P 117d 22 belehnt Garin, nachdem er bereits seine freunde Robastre, Perdigon etc. beschenkt hat, als er schliesslich noch seinen bruder Anthiaume herankommen sieht, diesen mit Beaulande.[3]) Aus der fassung LPR(T) kann also die vorlage von 3351, Chelt. etc. — nennen wir diese: „Ur-Hernaut" — den Anthyalme de Pauie nicht entnommen haben. Auch Doon de Mayence, v. 8012 ff., berichtet wie LPR(T). Mit dem Ur-Hernaut dagegen stimmt vollkommen die lesart der fassung N überein. Hier tritt Authiaume nach dem tode seines grossvaters Thierry die herrschaft über Pavia an: 95v 6:

---

[1]) Das gedicht Galien Rethoré der Cheltenhamer handschrift und sein verhältnis zu den bisher allein bekannten prosabearbeitungen. Marburg, diss. 1887; auch als einleitung zu Stengel's ed. des Cheltenhamer Galiens li Restorés, Ausg. u. Abh. 84.

[2]) Die eingangsepisoden der Cheltenhamer version des Girart de Viane. Marburg, diss. 1889.

[3]) *Quant Garin ot ses dons si faitement donnéz Antiaume uoit uenir qui moult fu aloséz Son frere fu germain si estoit li mainsnéz Antiaume fet Garin point de terre n'auéz Biaulande vous otroi les pors de Balesguéz Le plus riche chastel qui onques fust ferméz A ce chastel afiert vne riche citéz L'auoir qu'il puet valoir ne puet estre nombréz* (fehlt P) *Celui vous donrai ie se prendre le voléz Et si n'i ai per dieu .II. d. monnaéz Mes ie me fi en dieu a qui me sui donnéz Que ie le conquerrai et vous m'i aideréz Receuez ent le don venéz auant tenéz Frere ciz li respont .v.c. merciz et gréz . . .*

Puis moru roy Thiery qui tant le cuer [ot] ber De coy la duchoise (sc.: Floure) *ot Pauïe a gouuerner Mais elle en fist Authiame le couronne porter De Pauye fu roix si comme j'oych compter* ... Zwischen N und dem Ur-Hernaut lassen sich auch übereinstimmungen nachweisen, welche nicht zufällige sein können: N 85ᵛ 6 ff. kommt Garin in seine heimat Aquitanien zurück. Durch seinen wirt erfährt er, dass das land von einem tyrannen Driamadan[1]) beherrscht wird. Garin giebt sich als sohn des rechtmässigen früheren herzogs zu erkennen, die kunde verbreitet sich bald in der stadt, das volk strömt hoch erfreut vor dem hause, in dem Garin sich befindet, zusammen. Fast genau dasselbe wird von Hernaut de Beaulande berichtet (3351 fo. 5ʳ 29, Chelt. 4, 23; cf. Gautier Ép. IV, 213).

Ferner: in N (230ʳ) wird Robastre von einer grossen menge belagert, er verzweifelt bereits, da kommt Perdigon noch im letzten augenblicke zu hülfe. Er weiss den anblick einer brennenden stadt hervorzuzaubern, die belagerer fliehen eiligst davon. Dasselbe findet sich im Ur-Hernaut (ms. 3351, fo. 22ʳ 3, Chelt. 44, 27 = Gautier, Ép. IV, 214): *Si se commenchoit fort la pucelle* (sc. Fregonde) *a esbahir quant Perdigon la vint resconforter et lui dit N'ayés fait il paour madame Car se tous estoient ceans auecq nous pesle mesle Sy les feroye je tous mourir s'il me plaisoit. Et a ce que mieulx vous puissiés congnoistre la verité vous voeil moustrer vng des gieulx dont je souloie moy esbatre. Il fist cesser la deffence lors aus Xpiens qui n'estoient mïc trop asseurez. Et fist vng charme par magique tel qu'il sembla visiblement ... que feu et flamble saillissent ...*

Bedenkt man noch, dass der bericht von mss. 3351 und Cheltenham ausführlicher[2]) ist als der in N, so möchte man sich leicht zu dem schlusse verführen lassen, der Ur-Hernaut habe direct aus unserer fassung N geschöpft. Betrachten wir indessen den kurzen abriss, welchen ms. 3351 über die schicksale Garins und Mabillettes giebt (ms. Cheltenham hat hier eine lücke). Mabillette ist hier (fo. 2) nicht die tochter eines herzogs von Auvergne, sondern Gaufreys, des herzogs von Monglenne, selbst! Wie in so vielen anderen fällen (cf. Hernaut de Beaulande, Guillaume d'Orange etc.) verliebt sie, die heidin,

---

[1]) Dieser name geht wahrscheinlich wie Braimant, Desramés, Mambrieu etc. auf Abderrhaman zurück. Cf. über diese letzteren: Milá y Fontanals, De la poesia heroico-popular castellana, pag. 334. — P. Rajna, Le Origini dell' Epopea Francese. In Firenze 1884, p. 222 anm., 230 anm.

[2]) Vergleiche besonders die 18 12-silbler in ms. 3351 fo. 6ᵛ mit N 87ʳ 1—5.

sich in den herankommenden christen, verbündet sich mit ihm gegen ihren eigenen vater... Wir sehen also, dass die darstellung des ms. 3351 (und der späteren prosafassungen wie Girart d'Euphrate und des Comte de Tressan) möglichst einfach und traditionell ist. So mag die gestalt der sage gewesen sein, als man von Garin de Monglane nur beiläufig — nur als dem vater von Hernaut de Beaulande, Renier de Gennes etc., cf. Albéric de Trois-Fontaines — sang und dichtete. Eine erweiterung liegt vor in der ältesten fassung LPR(T) des Garin de Monglane, wo Mabillette nicht mehr die tochter Gaufreys, sondern die schwester eines (ganz unbestimmten) herzogs von Auvergne ist. Noch weiter geht dann N vor, welches diesem herzog einen namen giebt und ihn in die handlung eingreifen lässt. So trage ich denn kein bedenken, den bericht des ms. 3351 als den ursprünglichen, aber gekürzten anzunehmen. Mit N geht 3351, resp. der Ur-Hernaut[1]) auf eine gemeinsame vorlage zurück, in welcher Anthiaume als herrscher von Pavia auftritt.

Auch die vielfach so engen beziehungen zum Hernaut de Beaulande vermögen also nicht die abfassungszeit von N näher zu umgrenzen, wir sind somit schliesslich auf eine sprachliche, resp. metrische untersuchung unserer fassung angewiesen.

Schon P. Paris (Hist. Litt. de la France, t. XXII, p. 438) bezeichnet unser manuscript N als „très-défectueux". In der that sind eine recht grosse anzahl von versen zu berichtigen, und schon dieser umstand dürfte darauf hinweisen, dass wir in der hs. N nicht die originalfassung anzunehmen haben. Ganz äusserlich zeigt sich der copist schon 23ᵛ 26, 27..., ferner lassen sich viele verse durch einfügen kleiner, leicht übersehbarer wörter herstellen (12ᵛ 3, 12ᵛ 26...), in manchen hat der copist sich selbst corrigiert (117ᵛ 21, 123ʳ 2...; es können da ebensowohl schreib- wie lesefehler vorliegen: 12ᵛ 5, 17ʳ 12...), öfter war der copist unaufmerksam (29ʳ 27..),

---

[1]) Diese beziehung von N zum Hernaut scheint auch durch die folgende stelle in N bestätigt zu werden: der dichter verspricht, wie er die jugendgeschichte Garins vorschiebt, auch einen roman von seinem sohne Hernaut zu schreiben (N 257ʳ 2):

Mais Perdigon ly ber depuis s'en pariura
Pour Ernoult de Beaullande que Garin engenra
Dont il luy mesauint ainsy c'on vous dira
En vne autre matere qui cy apres sieura
Des enffans de Garin m[ai]s cy on s'en taira
Car ailleurs est l'istoire...

manchmal scheint er ganze verse geändert, vielleicht selbst gedichtet zu haben[1]) (30ᵛ 16—20, 31ʳ 12 ...).

Dass seine vorlage einer sprachlich älteren zeit angehört, lässt sich aus metrischen gründen nachweisen:

1. Für *serment*, das stets so geschrieben wird, muss die ältere form: *serement* eingesetzt werden; am häufigsten in der beteuerungsformel: *par le mien serment:* 74ᵛ 13, 74ᵛ 27.... So ist ferner *l'emper[ë]our* (sg. obl.) für *l'emperour* 191ᵛ 22, *b[ë]ut* für *but* 2ᵛ 23, 5ʳ 15 ..., *v[ë]oir* 65ʳ 3, *ben[ë]oit* 137ʳ 3, *ben[ë]ichon*[2]) 65ᵛ 7, *march[ë]ans* 127ᵛ 14, *m[ë]ismes* 128ʳ 5, *r[a]enchon* 69ᵛ 12 ... einzusetzen.

2. Andererseits muss der dichter von N bereits doppelformen gekannt haben. Für *seur* (cas. obl.) ist 54ᵛ 4, 200ʳ 3 ... die alte form *seror* einzusetzen (die unser schreiber nicht kennt), während öfter die einsilbige form durch den vers gesichert ist (36ʳ 23, 37ᵛ 24 ...). *Conte* (c. r.) muss 204ʳ 12, 208ᵛ 3 ... des verses wegen durch *cuens*, resp. *coms* (so 222ʳ 15) ersetzt werden;[3]) 221ᵛ 6 ist es durch den vers gesichert. *Armure* muss 3-silbig bleiben: 14ᵛ 8, 163ᵛ 7..., *arm[ë]ure* muss wieder eingesetzt werden: 26a 16, 27ᵛ 26 ...

3. Die 1. sg. ind. praes. der a-conj. kommt sowohl ohne wie mit secundärem -e, auch im reime, vor. Durch den reim sind gesichert: *command* 4ᵛ 30, *affy:* 208ʳ 16, 239ᵛ 21 ...; *pry:* 45ᵛ 1 (hier *prie* trotz des *i*-reimes geschrieben!), 194ʳ 13, 208ʳ 4. Im innern steht die 1. person ohne -e oder sie ist herzustellen: 5ᵛ 27, 58ʳ 3 ... In den meisten dieser fälle könnte man das subject *je* streichen; unmöglich ist dies: 24ᵛ 12, 63ʳ 11 ... Die formen mit -e sind durch den reim gesichert: 20ᵛ 23, 71ᵛ 6 ...; im innern des verses: 11ᵛ 22, 28ᵛ 29 ...

---

[1]) Besonders verdächtig ist, schon des anfangs wegen, 26ᵛ 9 ff. *(Scigneurs humais pourez oyr bonne chanchon ...).* Ich führe einige verse, welche grosse ähnlichkeit mit Durmart v. 93 ff., aber auch z. b. mit Aucassin et Nicollette, ed. Suchier, s. 4 z. 12 haben, an:

Et Garins apprenoit sens et auision Et estoit le plus bel qui estoit en vne region (!) Il estoit gent droit et de belle faichon (!) Les yeuls auoit plus vairs que n'ot oncques hom (!) Et sy la gambe bien faitte beau piet et beau tallon (!) Tant estoit bien tailliez et de belle fachon... Que la nature qui fist de lui la conioinction (!) Y eubst oblyé riens je scay bien que non (!) ...

[2]) Vgl. über diese formen: Ed. Schwan, Groeber's Zs., XII, s. 199 ff. u. Meyer-Lübke, Grammatik der roman. Sprachen, I, s. 502.

[3]) 226ᵛ 28 statt des gewöhnlichen hemistichs: Le conte de Monferrant: *Le conte de Monfrant!*

4. Zur bezeichnung des objectiven verhältnisses bei personen führt der copist fast immer die praepp. *de* und *a* ein; die betr. verse sind um eine silbe zu lang. *de* ist zu streichen: 16ᵛ 4, 28ᵛ 9 ... (Richtig ist *de* weggelassen: 17ʳ 12, 30ʳ 14, 64ʳ 4). *a* ist zu streichen: 45ᵛ 12, 83ᵛ 9, 89ʳ 12.

5. Auch durch verletzung der im afr. üblichen flexion entstehen falsche verse: 32ᵛ 8, 41ᵛ 7, 90ᵛ 7, 206ᵛ 4, 242ᵛ 30 sind in diesem sinne zu ändern (*freres* vor einem mit vocal anlautendem worte als nom. pl.). Auch sonst muss die ältere masculin-form des plural ohne *s* eingesetzt werden: 1ᵛ 22, 29ʳ 17 ... Die secundäre femininform des adj. ist zu ändern: 38ʳ 1, 41ᵛ 28 ...

6. Der copist hat eine reihe von wörtern, die nach der afr. syntax fehlen durften, eingefügt und so die silbenzahl verletzt: so *je:* 79ʳ 30, 222ʳ 31 ..., *il:* 105ʳ 29, 224ʳ 3 ..., *point* (als 2. glied der verneinung) 13ᵛ 5, 57ʳ 2 ...

7. *estoit* ist in älteres *ert* zu ändern (das in N noch vorkommt): 11ᵛ 13, 78ʳ 15 ...; *estoient* in *erent* 97ʳ 21, 164ʳ 16.

(8. Der vollständigkeit halber sei hier noch angeführt, dass für *auoit, pouoit* in vielen fällen *ot* resp. *pot* einzusetzen ist: 8ʳ 5, 24ʳ 14. Ganz willkürlich schreibt der copist *comme* und *com* [43ᵛ 7, 55ʳ 11 ...], *jammais* und *ja* [160ʳ 11], *ycy* und *cy* 24ʳ 21 .....)

Die vorstehende sammlung von beispielen, die sich noch bedeutend bereichern liesse, zeigt zur genüge, dass wir in der hs. N nicht das original vor uns haben, dass sich aber leicht die gesichtspunkte ergeben, nach denen sich dieses reconstruieren lässt. Es entstammt einer zeit, wo bereits doppelformen[1]) im gebrauche waren.

Fassen wir die resultate, die wir für die datierung des textes N gefunden haben, zusammen, so ergiebt sich: Der dichter lehnt sich an beliebte epische stoffe des XII. und XIII. jahrhunderts an, seine directe vorlage LPR(T) stammt

---

[1]) Die anzahl dieser doppelformen ist indessen kleiner gewesen, als es auf den ersten blick scheint; so dürfte in den folgenden fällen die jüngere form auf rechnung des copisten zu setzen sein: 196ʳ 10: *En sa chambre les maine tost et incontinent Puis apporta armures assés et largement* (ursprünglich wohl: *aporte armëures*). 223ʳ 23: *Chascun auoit au dos sa armure vestye* (cf. 16ᵛ 1: *Se combatty se jour sur s(a') aduerse partye*, und 104ᵛ 11: *t'amie*, ebenso 218ᵛ 31).

aus dem anfange des XIII. s. Seine sprache ist älter als die des 15. s., doch bereits die der übergangszeit. Die abfassung des textes N ist also in das ende des XIII. (vielleicht in den anfang des XIV.) jahrhunderts zu setzen.[1])

---

[1]) Die heimat des dichters war die Picardie. Dafür sprechen folgende umstände:
    1. Die 1. plur. geht in zahlreichen fällen auf *-mes* aus: *espareigmes* 6r 23, *sariesmes* 30r 12, *ariesmes* 148v 28, *lairiesmes* 164r 13; 165v 4, *merriesmes* 175v 14; *couriesmes* 106r 26, *poriesmes* 32v 15 . . .
    2. *Tu* wird öfter elidiert: *T'es* 171r 14, *t'as* 179r 26.
    3. Das disjunctive pronomen der 1. und 2. person erscheint in der form *mi*, *ti*: 4r 4, 7r 5 . . .; zweimal findet sich auch *moy*: 184r 14, 17.
    4. Der gebrauch von *no*, *vo* für unbetontes *nostre*, *vostre*, welcher in der originalfassung ein weit umfangreicherer gewesen sein muss: 22r 25, 23r 18 . . .
Für allgemein ostfranz. sprachgebiet spricht schon:
    1. Die zusammenziehung von *iée* in *ie*,
    2. Verwechslung von *an* und *en* ist selten.
    3. Die infinitivform *pourveir* 12r 19, *queyr* 158r 27, 32.
Der dialect des copisten — eine strenge untersuchung ist nicht beabsichtigt — ist im allgemeinen dem des dichters gleich, natürlich treten die dialectischen eigentümlichkeiten nicht mehr so scharf hervor.

Schluss.

Die resultate, zu denen die vorstehende untersuchung gelangt ist, seien zum schlusse kurz zusammengestellt:

1. Die Chanson Garin de Monglane, das eingangsgedicht der geste von Guillaume d'Orange, ist uns in 2 redactionen überkommen: einer älteren, längeren, vertreten durch die hss. LPRT, und einer jüngeren, welche nur in der hs. N, fo. 94v bis 259v, vorliegt. Die erstere fassung entstand ende des XII. jahrhunderts, vielleicht anfang des XIII., während die jüngere fassung in einer hs. des XV. jahrhunderts überliefert ist, die indessen auf eine vorlage aus dem ende des XIII. (oder anfang des XIV.) jahrhunderts zurückgeht.

2. Beide fassungen weisen auf eine gemeinsame quelle zurück, welche sich, besonders im anfang, vielfach an den abenteuerroman Durmart anlehnt. N steht dieser vorlage freier gegenüber als LPRT. Die zusätze in N ändern den gang der handlung nicht, sie sind von dem dichter stets zwecks besserer motivierung vorgenommen worden.

3. Der eigentlichen Chanson sind in N die Enfances Garin de Monglane vorgeschoben worden. Sie sind demselben verfasser zuzuschreiben, welcher auch die chanson der fassung LPRT in die der hs. N umdichtete, und erweisen sich als eine compilation, welcher Berthe as grans pies, Macaire, Fierabras, Karl Mainet etc. zu grunde liegen.

4. Die abfassung des textes der hs. N ist nicht (mit Gautier, Nyrop etc.) in das 15. jahrhundert zu setzen, sondern in eine ältere zeit (ende des XIII. oder anfang des XIV. jahrhunderts).

Lebenslauf.

Am 25. Januar 1868 wurde ich, Karl Rudolph, als der sohn des lohgerbers Wilhelm Rudolph zu Schmalkalden geboren. Ich gehöre der evangelisch-lutherischen confession an. Meinen ersten unterricht empfing ich in der bürgerschule meiner vaterstadt. Ostern 1877 trat ich in das dortige realprogymnasium ein, das ich ostern 1884 mit dem zeugnis der reife verliess. Bis ostern 1886 besuchte ich sodann die prima des realgymnasiums zu Cassel. Nach bestandenem maturitätsexamen widmete ich mich dem studium der neueren philologie an den universitäten Marburg, München und Berlin. Am 17. dezember 1889 bestand ich in Marburg das examen rigorosum.

Meine akademischen lehrer waren die herren Professoren und Docenten: Bergmann, Bernays, Birt, du Bois-Reymond, Carrière, Cohen, Feist (†), Friedensburg, Hoffory, K. Hofmann, Justi, Kauffmann, Koch, Lenz, Lucae (†), E. Schmidt, Schröder, Stengel, Stosch, Tobler, von Treitschke, Victor, Wissowa, Zupitza.

Ihnen allen, besonders aber herrn Prof. Stengel, fühle ich mich zu stetem danke verpflichtet.